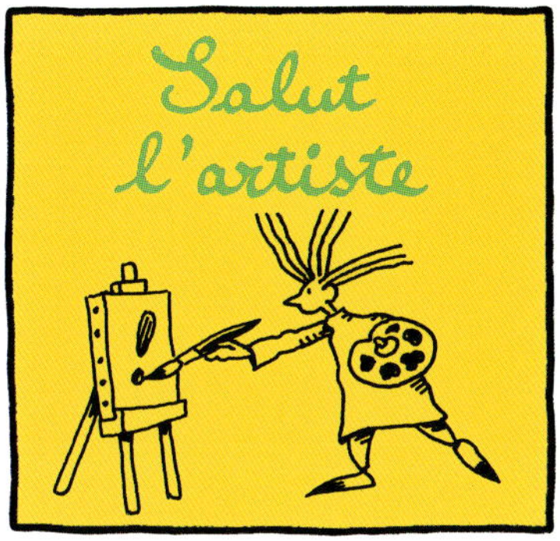
Salut
l'artiste

Sylvie Girardet et Claire Merleau-Ponty
ont fondé le Musée en Herbe à Paris.
Depuis vingt ans, plusieurs millions
d'enfants sont venus y découvrir
l'art et les sciences en s'amusant.

Nestor Salas est l'illustrateur
de la collection ***Salut l'artiste !***

En couverture :
La danse au Moulin Rouge (détail)
© The Philadelphia Museum of Art.
The Henry P. McIlhenny Collection
in memory of Frances P. McIlhenny.

254-256, rue de Bercy, 75012 Paris

ISBN : 978-2-7118-4636-8
JA 10 4636

Le petit moulin de Lautrec

Sylvie Girardet et Claire Merleau-Ponty
Nestor Salas

Salut l'artiste

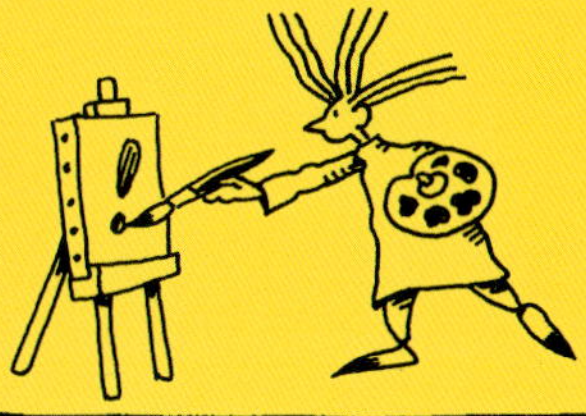

La vie en fête

Toulouse-Lautrec a eu une vie courte mais bien remplie.
Il peint le jour et s'amuse la nuit.

L'histoire de sa vie s'est mélangée.
Cherche les images qui correspondent aux textes.

1. Le 24 Novembre 1864, Henri-Marie-Raymond de Toulouse-Lautrec-Montfa fils du comte Alphonse Charles et de la comtesse Adèle Marquette, née Tapié de Céleyran naît dans une grande maison à Albi. Ses parents l'appellent « petit bijou ».

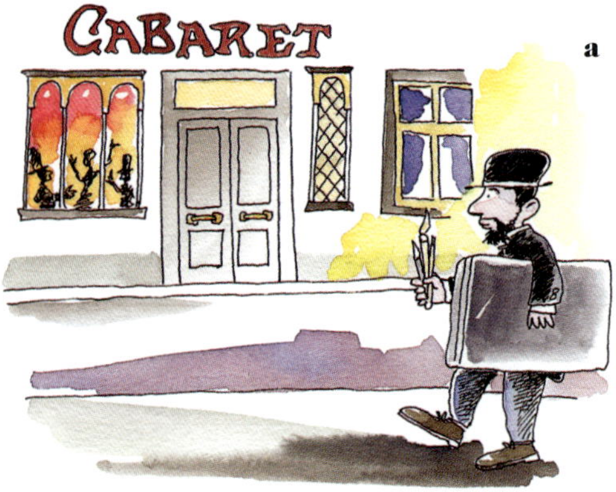

a

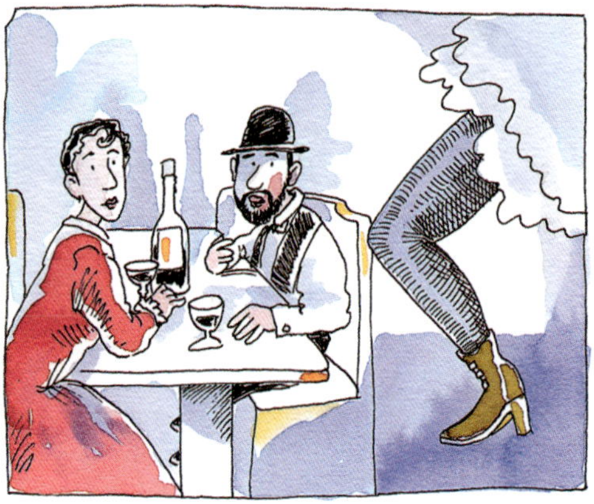

b

2. À 13 ans, il se casse une jambe en tombant. L'année d'après il se brise l'autre. Il ne grandit plus et ne dépassera pas 1, 52 m. Immobilisé, il dessine, dessine et dessine encore dans des petits cahiers...

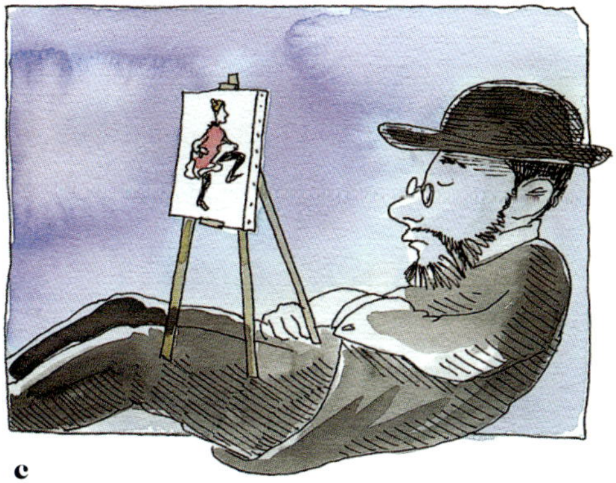

c

4. Toutes les nuits, il fait
la fête dans le quartier
de Montmartre où il habite.
Il va au bal du Moulin Rouge
admirer les danseuses,
assister à des courses d'ânes,
écouter le Pétomane et
des orchestres en plein air.

3. Il veut devenir peintre et va
à Paris apprendre le métier.
Avec ses amis peintres il flâne dans
les rues, fréquente les théâtres,
les cirques, les bars et les cabarets.

d

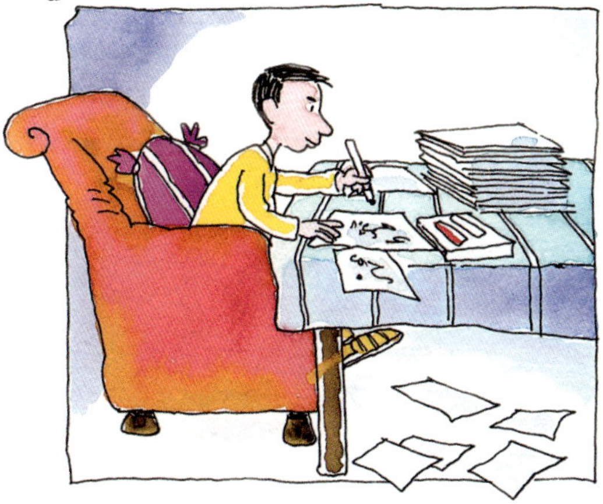

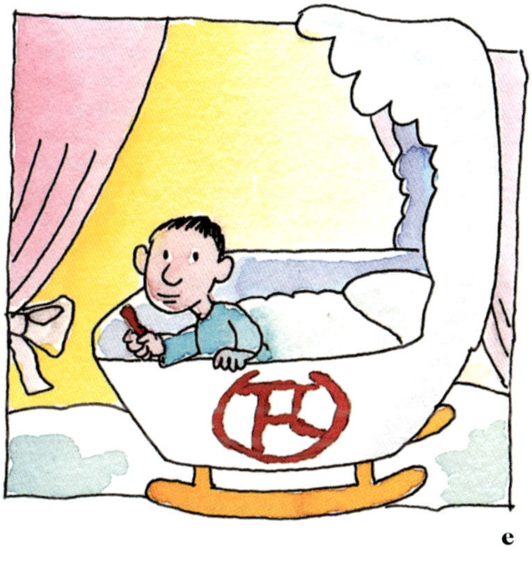

e

5. Henri de Toulouse-Lautrec boit
trop. Il devient un peu fou, tombe
malade et meurt à trente sept ans
dans les bras de sa mère.

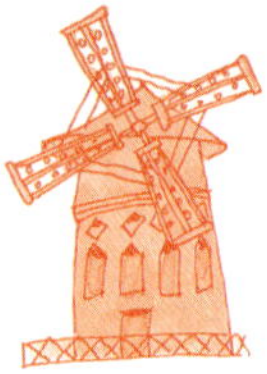

Quelle époque !

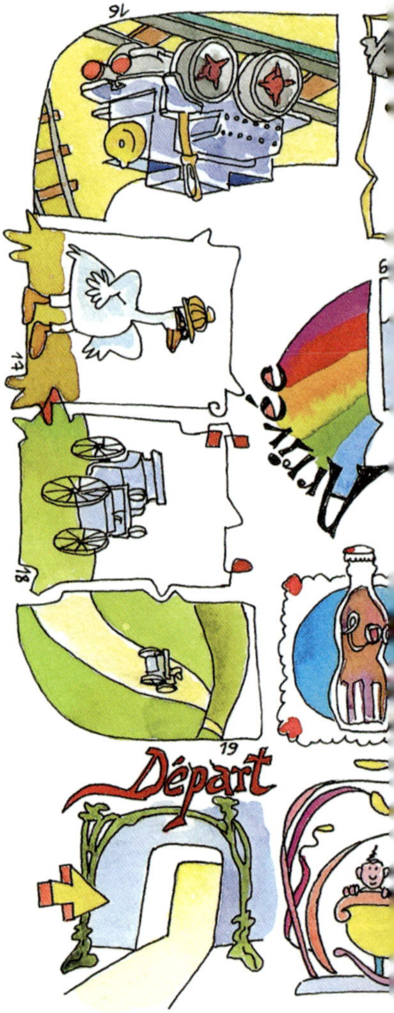

1. 1864: Naissance d'Henri de Toulouse-Lautrec

2. 1867: Le Japon s'ouvre au monde occidental,
les artistes français découvrent l'art japonais.
Invention de la dynamite
3. 1870: Mort du célèbre écrivain Alexandre Dumas
et proclamation de la troisième République en France
Avance de trois cases pour la célébrer
4. 1871: Insurrection de la Commune à Paris
5. 1873: Apparition du jean
Passe un tour, le temps d'essayer un pantalon
6. 1876: Invention du téléphone
Avance d'une case pour mieux te faire entendre
7. 1877: Mise au point du phonographe
8. 1879: Construction de la première locomotive
électrique et naissance du grand savant Albert Einstein
Ces deux événements te transportent à la case 11
9. 1885: Mort de Victor Hugo et
réalisation de la première automobile
Conduis-la jusqu'à la case suivante
10. 1886: Apparition du Coca-Cola
11. 1889: Ouverture du Moulin Rouge
12. 1890: Clément Ader effectue
le premier vol en aéroplane
Vole trois cases plus loin
13. 1891: Le premier dessin animé
Passe un tour pour le regarder
14. 1895: Naissance du cinéma
15. 1899: Lancement du premier sous-marin
Navigue jusqu'au terminus
16. 1900: Inauguration du métro à Paris
et vol du premier ballon dirigeable
Avance jusqu'à l'arrivée

17. 1901: Mort d'Henri de Toulouse-Lautrec

Prends un dé et joue avec ce jeu de l'oie.
Tu découvriras les petits et les grands événements qui se sont déroulés pendant la vie de Toulouse-Lautrec.

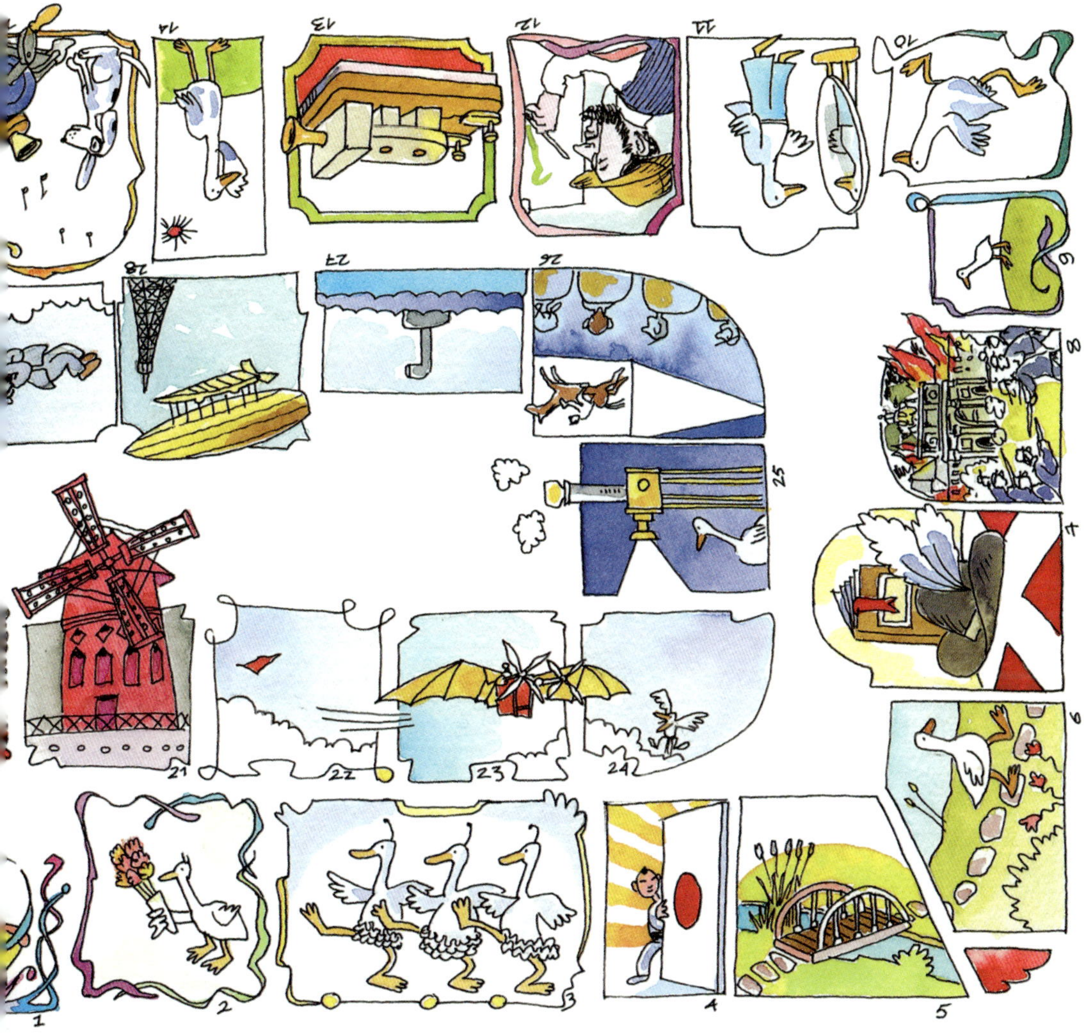

Autoportrait

Toulouse-Lautrec a peint son reflet dans le miroir et a fait des caricatures de sa drôle de silhouette. Il adorait se déguiser et se faire photographier !

Cherche l'intrus qui s'est glissé au milieu des portraits de Toulouse-Lautrec.

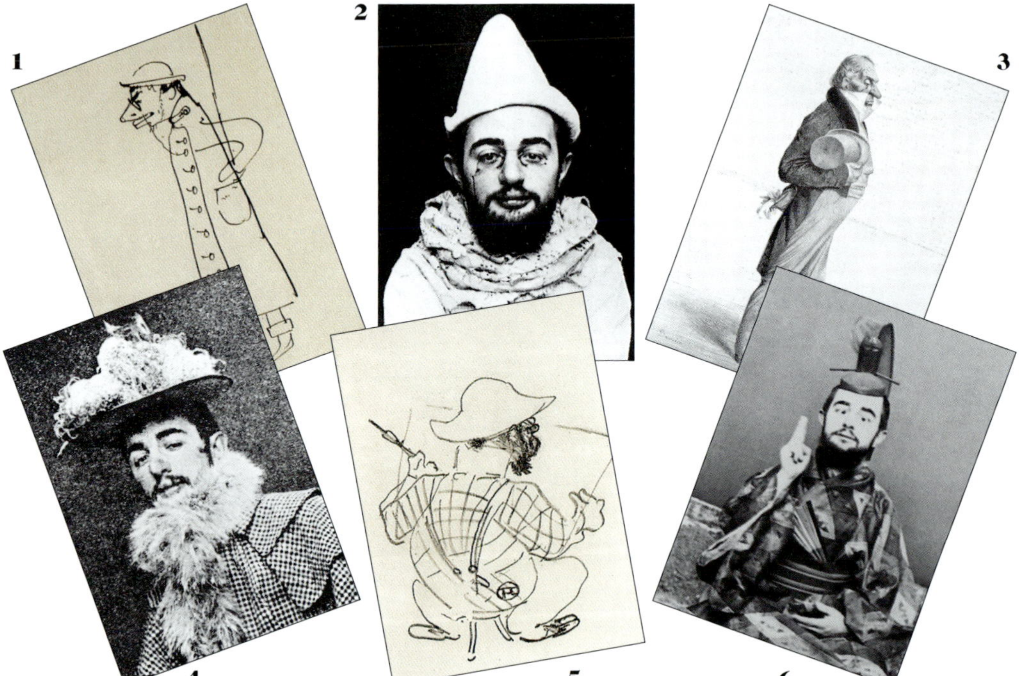

1 2 3

4 5 6

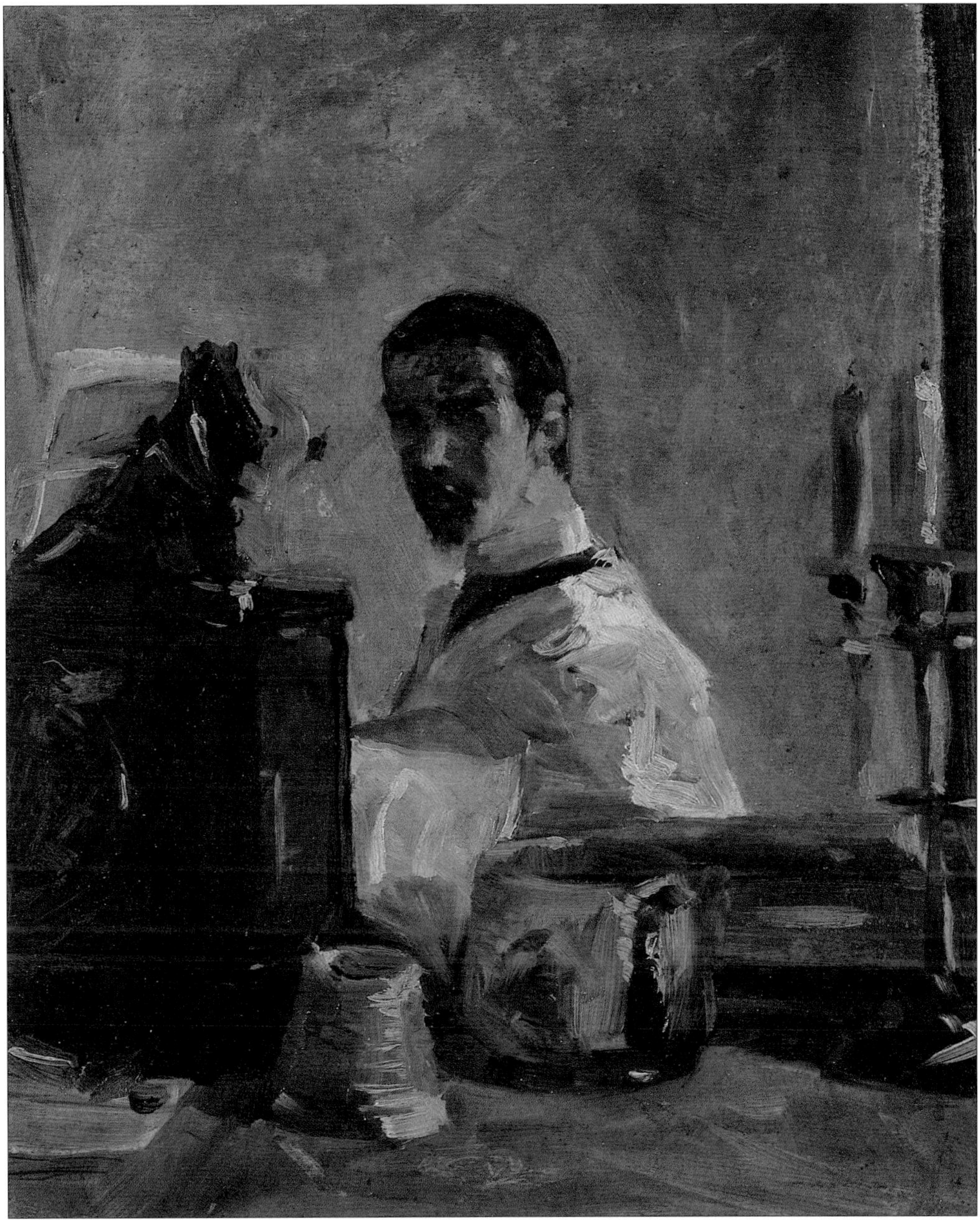

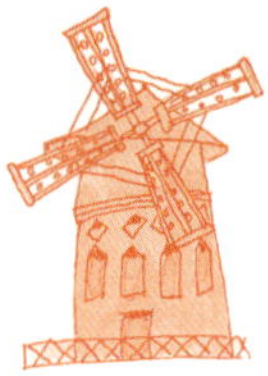

Toulouse-Lautrec

Il a fier allure, Alphonse de Toulouse-Lautrec déguisé en cavalier du Caucase ! À 15 ans, Henri peint son père qu'il admire, monté sur son animal préféré : le cheval ! Perché sur son poing, le faucon avec lequel il chasse déploie ses ailes. Quelques années plus tard, Henri fait le portrait de sa mère, Adèle, à qui il est très attaché. Elle est un peu sévère et triste avec ses yeux baissés.

Retrouve ces détails dans les deux tableaux.

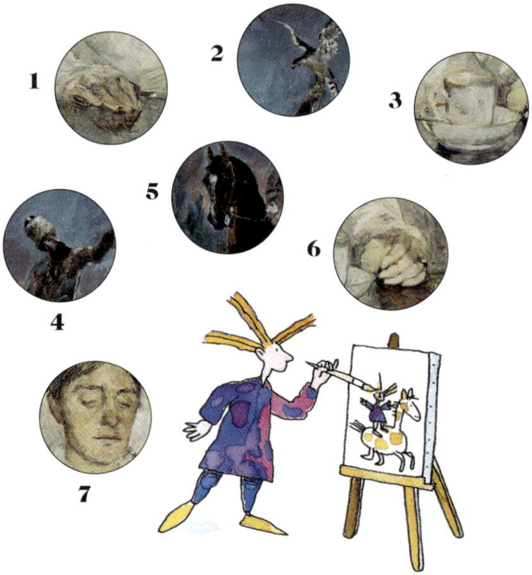

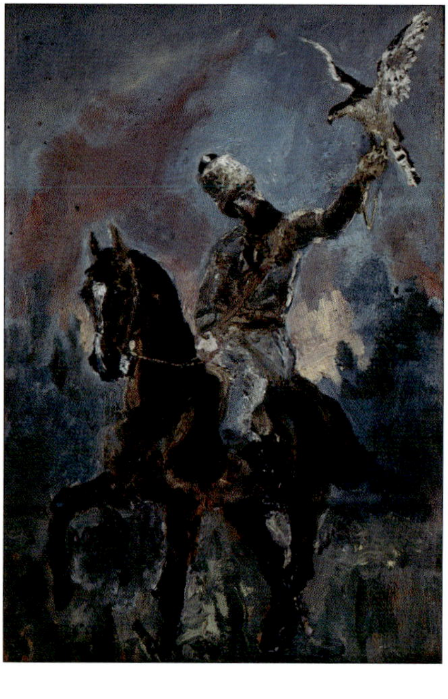

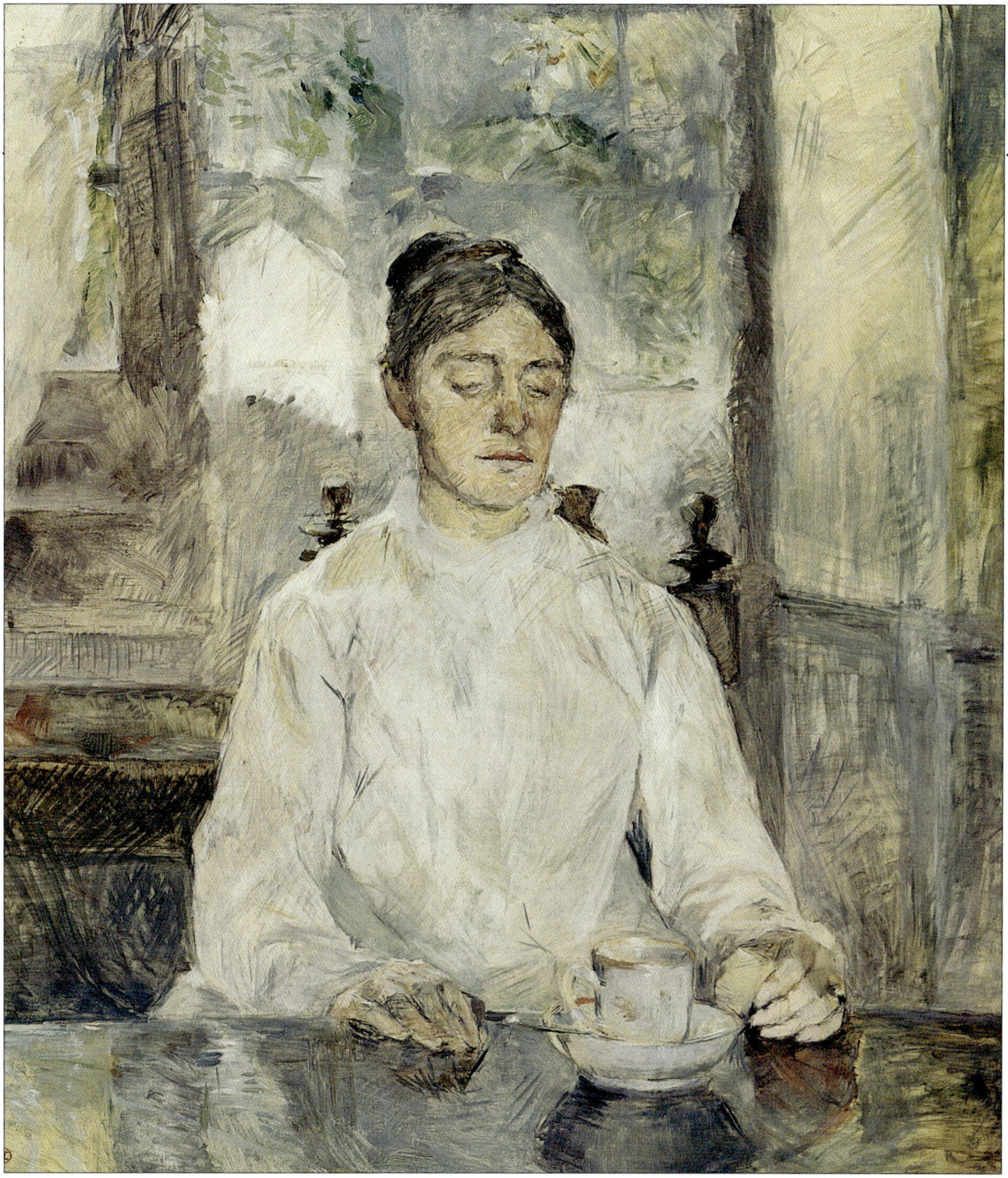

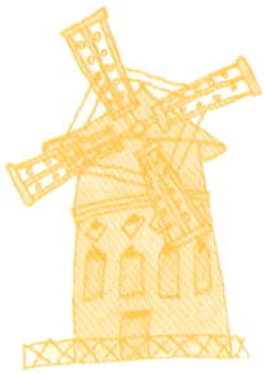

Au Moulin Rouge

Le soir, Toulouse-Lautrec, met son chapeau et, canne à la main, il va au Moulin Rouge, un café-concert dans le quartier de Montmartre à Paris. Il passe ses nuits à admirer les danseuses, boire, discuter… peindre et dessiner.

Rends leurs chapeaux aux clients du Moulin Rouge Reconnais-tu Toulouse-Lautrec ?

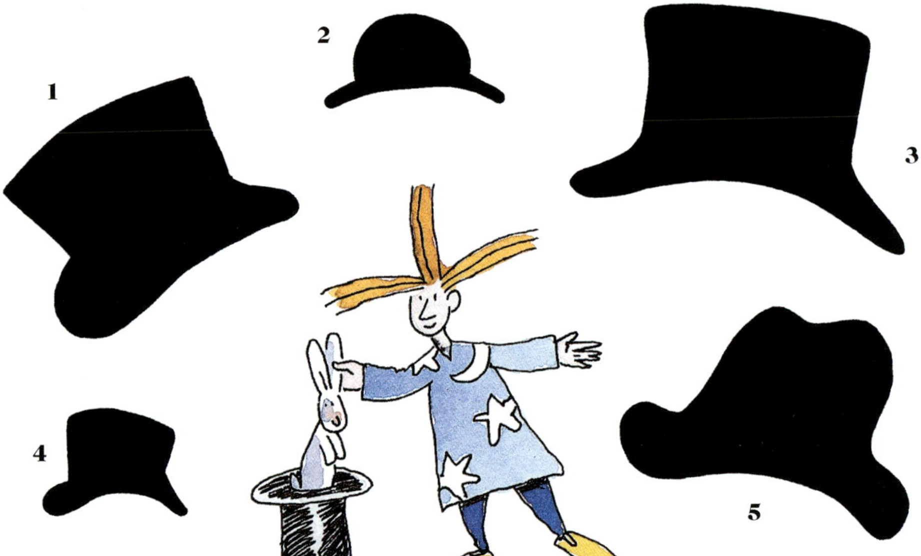

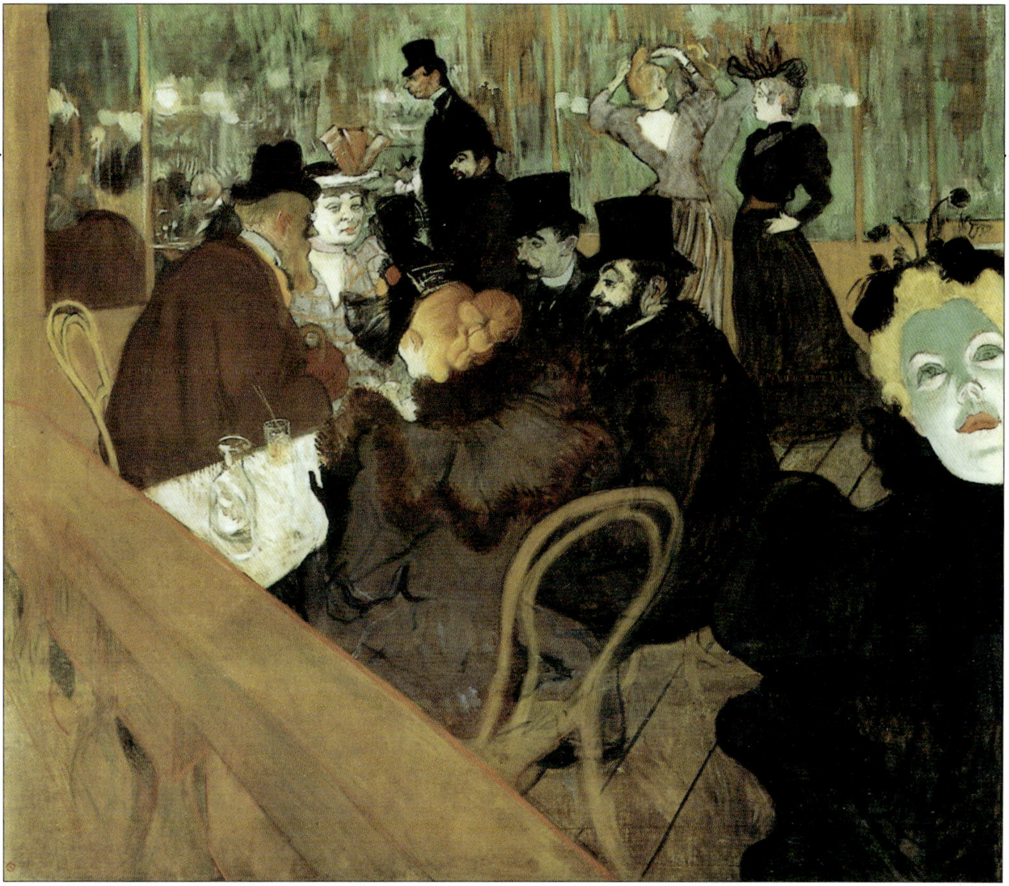

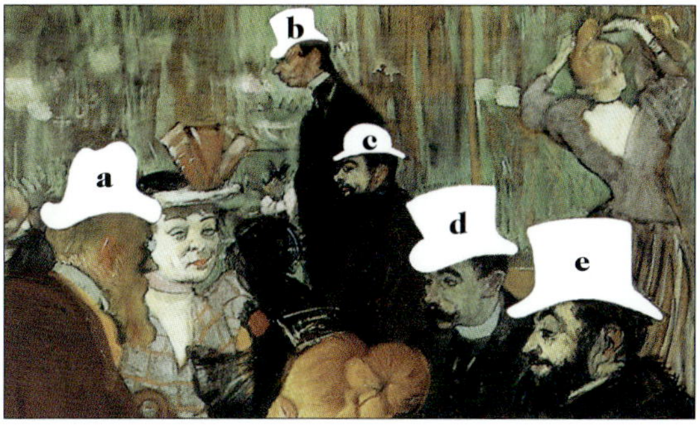
b
c
a
d
e

La danse au Moulin Rouge

Dans la salle de danse du Moulin Rouge les riches Messieurs et les jolies femmes admirent la danseuse et l'immense Valentin le Désossé danser le « chahut » ou le « cancan », une danse où on lève haut la jambe en poussant des cris sauvages.

Recherche les sept erreurs qui se sont glissées dans cette copie du tableau.

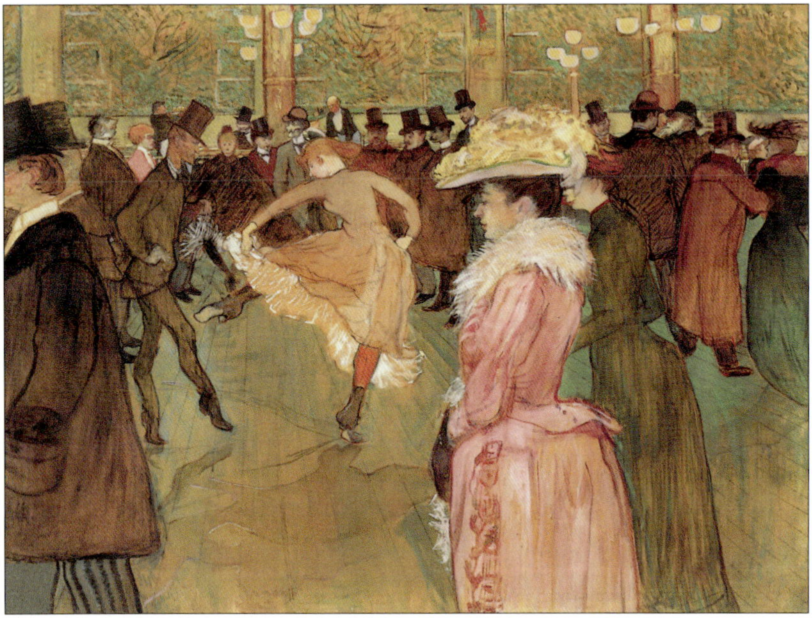

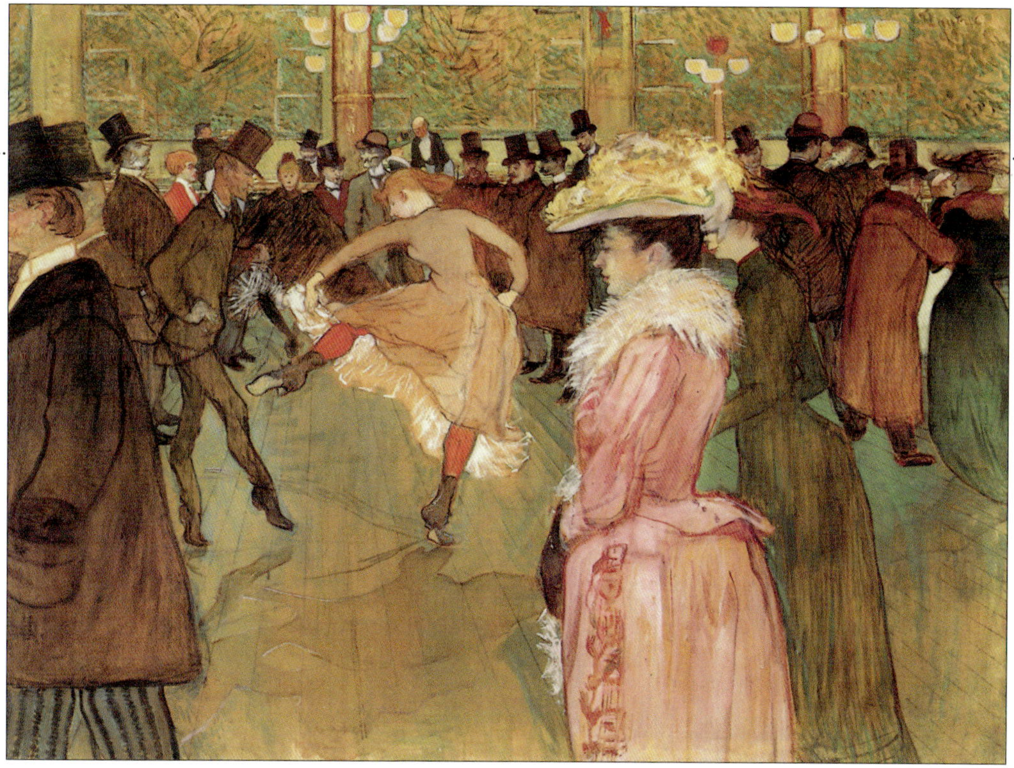

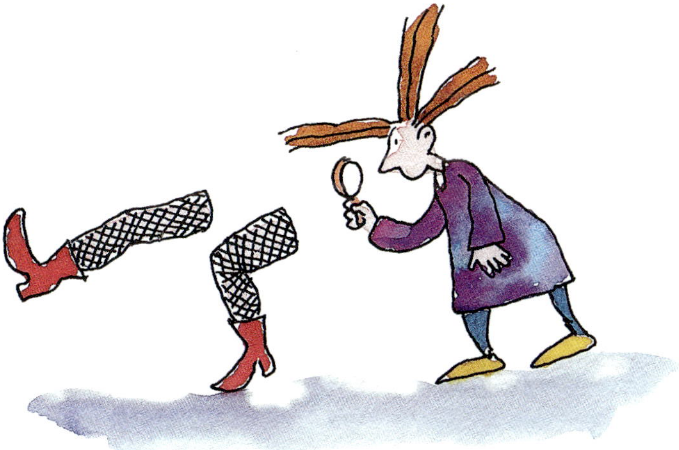

La Goulue au Moulin Rouge

Les danseuses du Moulin Rouge ont de drôles de noms : Nini patte en l'air, Grille d'égout, la Môme Fromage… La plus célèbre est la Goulue. On a donné ce surnom à Louise Weber parce qu'elle mange beaucoup et finit tous les verres !

Le tableau a été découpé. Un morceau ne fait pas partie du portrait de la Goulue. Lequel ?

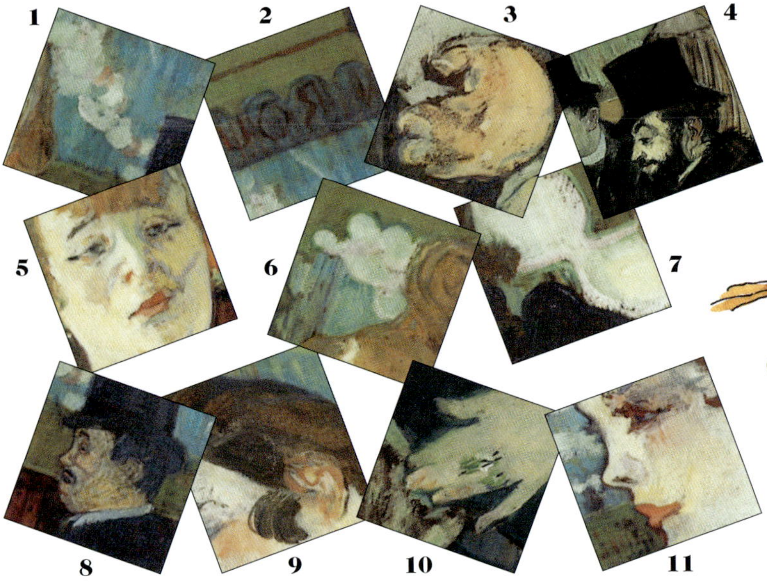

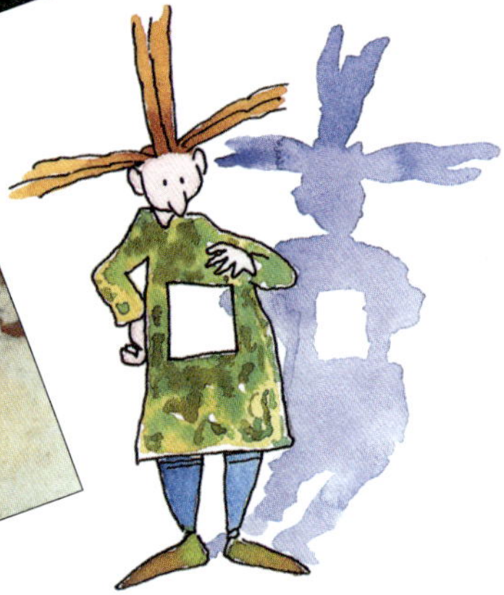

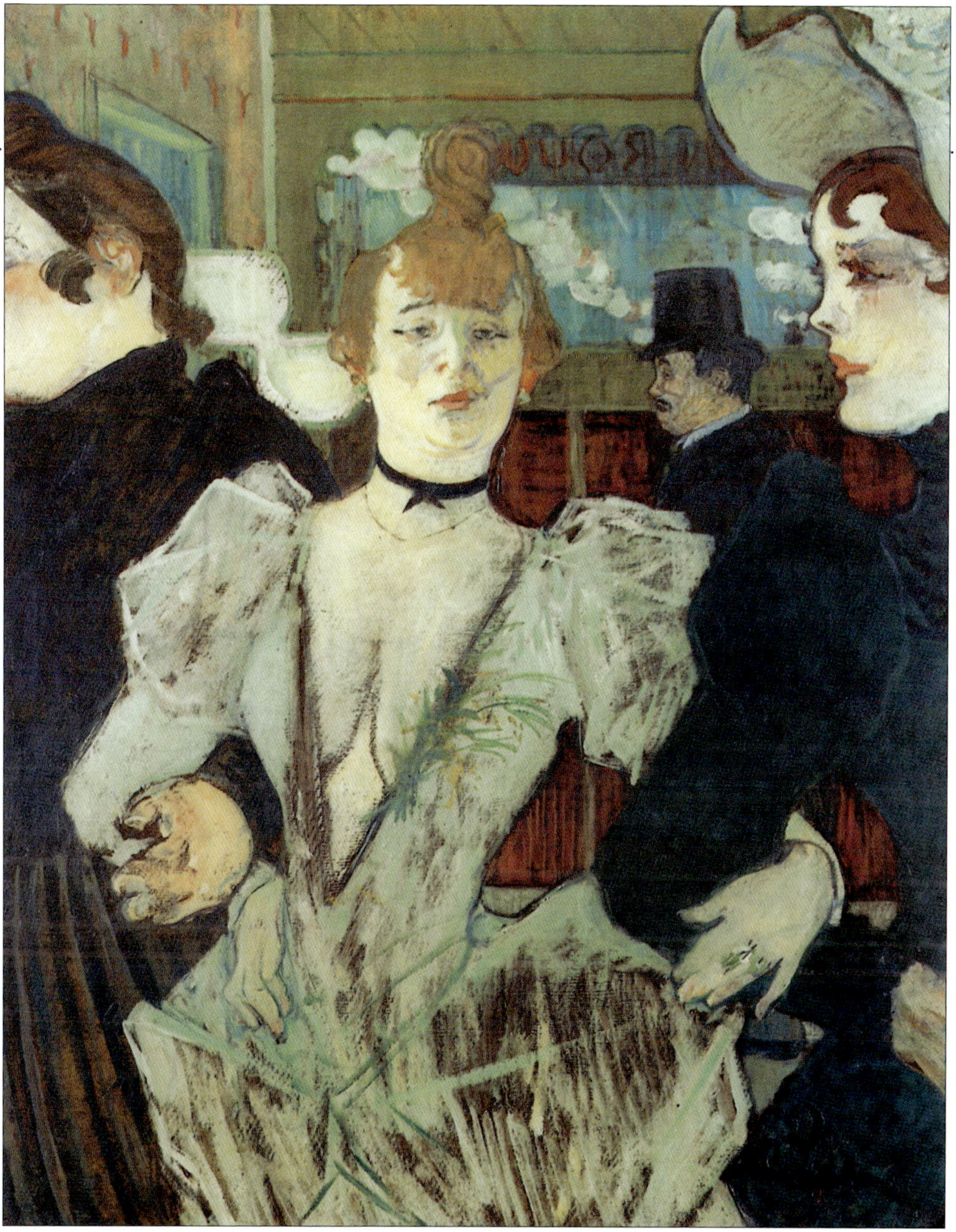

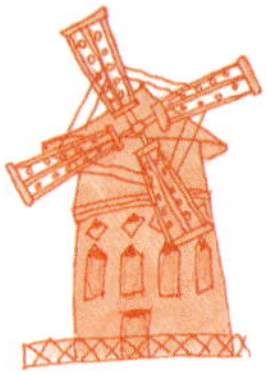

Affiche du Moulin Rouge

Toulouse-Lautrec est devenu célèbre grâce à cette affiche du Moulin Rouge qui a couvert les murs de Paris. Reconnais-tu la longue silhouette de Valentin le Désossé et la Goulue, son chignon et ses jambes rouges ?

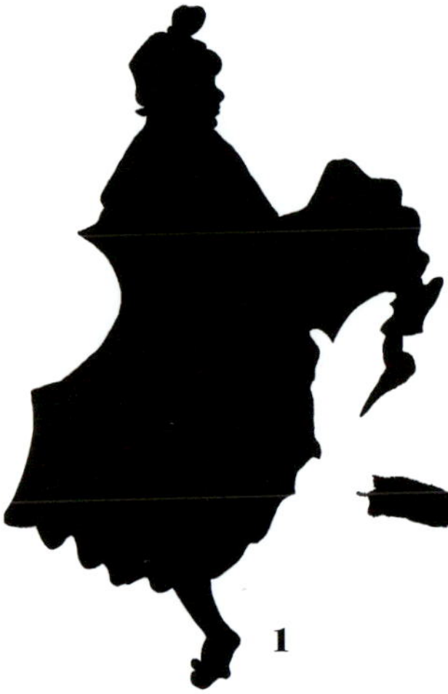

1

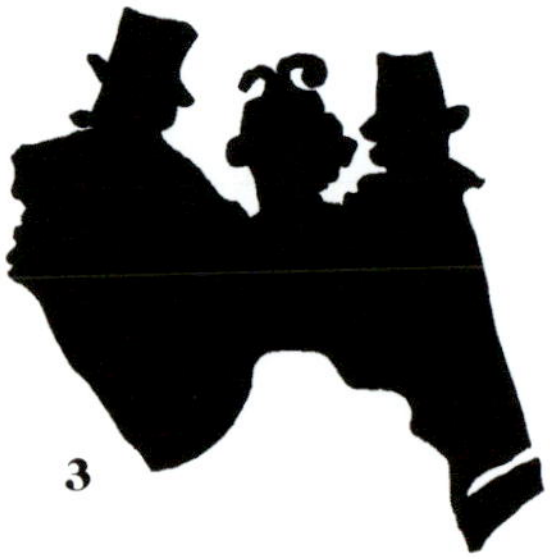

3

Une de ces silhouettes ne fait pas partie de l'affiche de Toulouse-Lautrec. La vois-tu ?

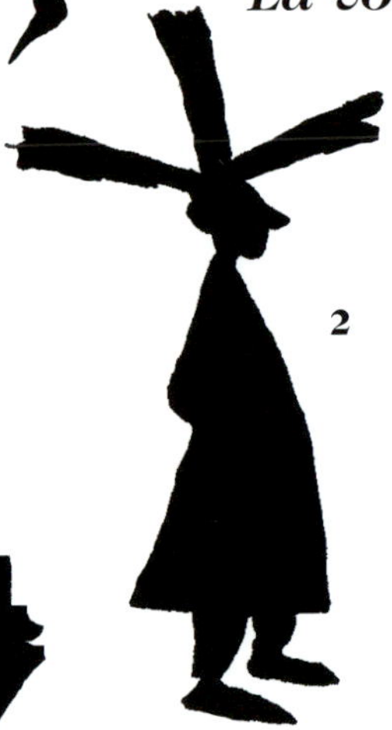

2

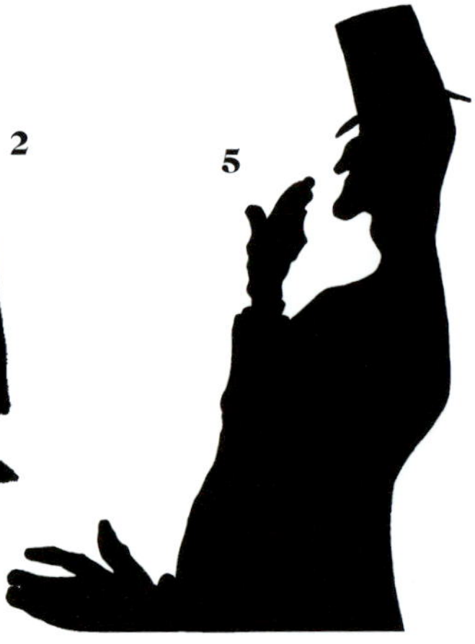

5

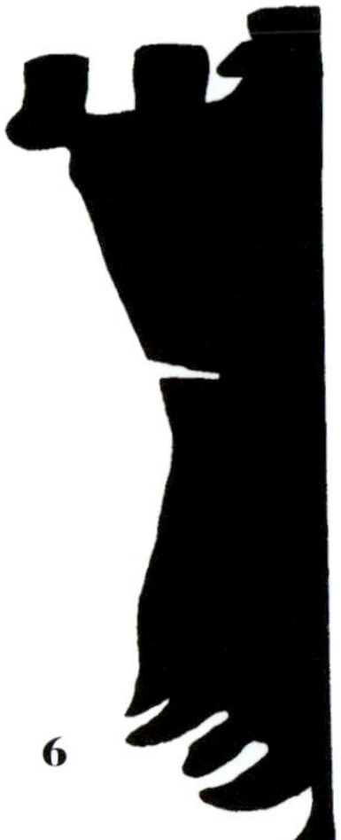

6

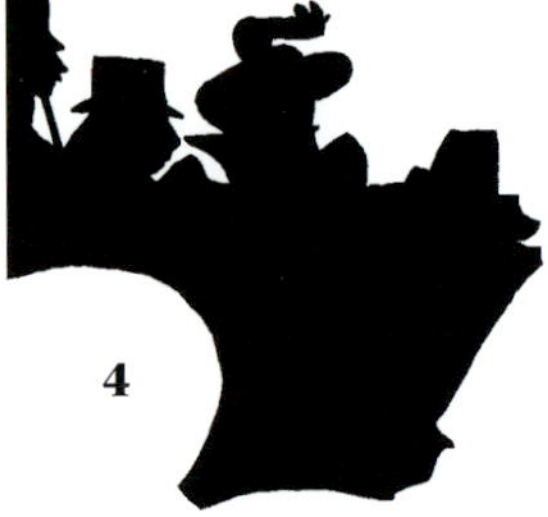

4

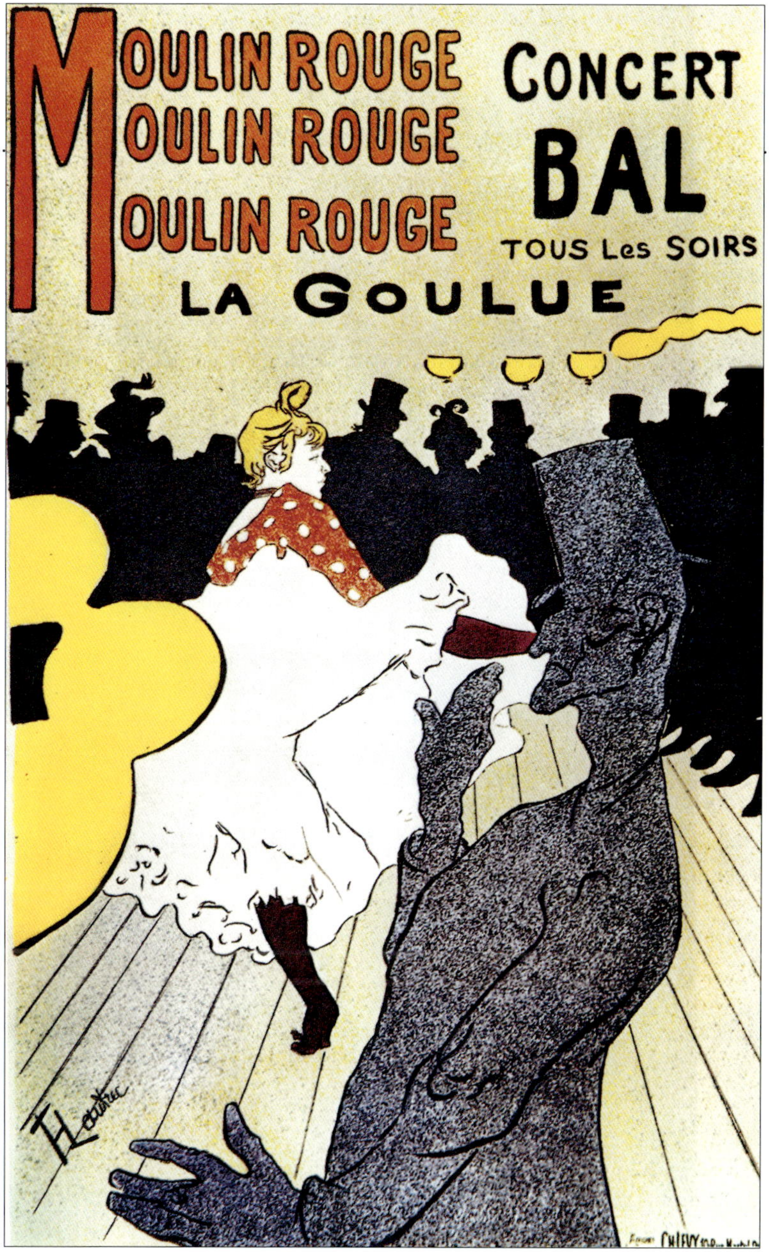
MOULIN ROUGE
MOULIN ROUGE
MOULIN ROUGE
CONCERT
BAL
TOUS Les SOIRS
LA GOULUE

Jane Avril dansant

Cette élégante danseuse, mince comme un fil est une autre vedette du Moulin Rouge. Jane Avril tourbillonne, se plie, se déchaîne et danse comme une folle : de la vraie dynamite !

Regarde Jane Avril danser et cherche le moment où Toulouse-Lautrec a peint son tableau.

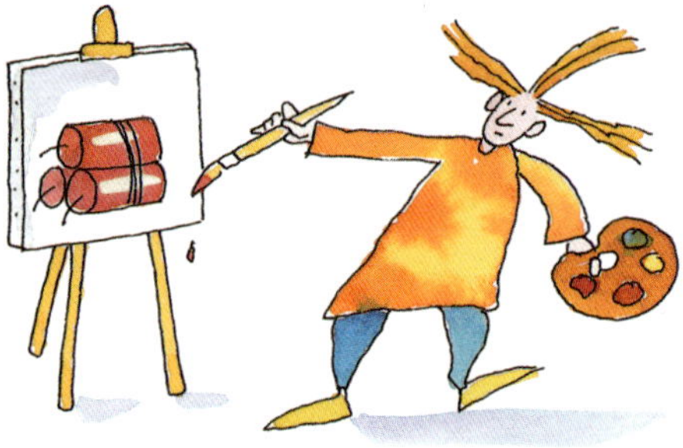

1

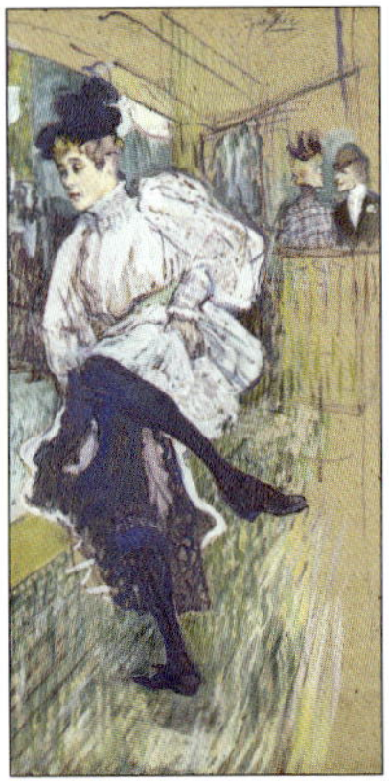

2

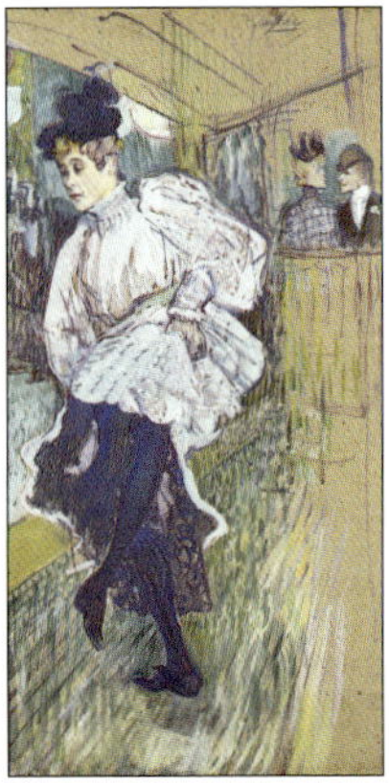

3

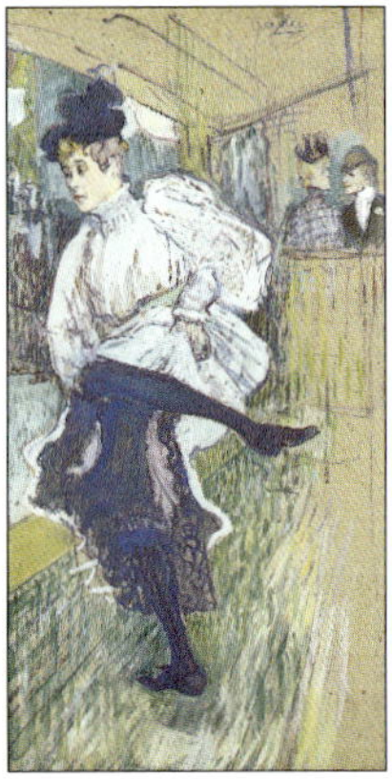

4

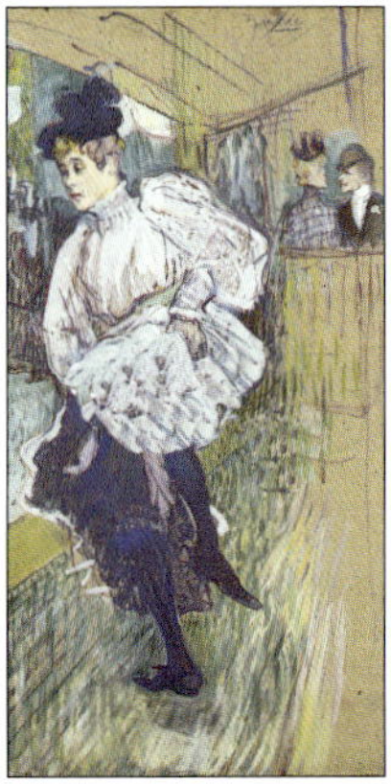

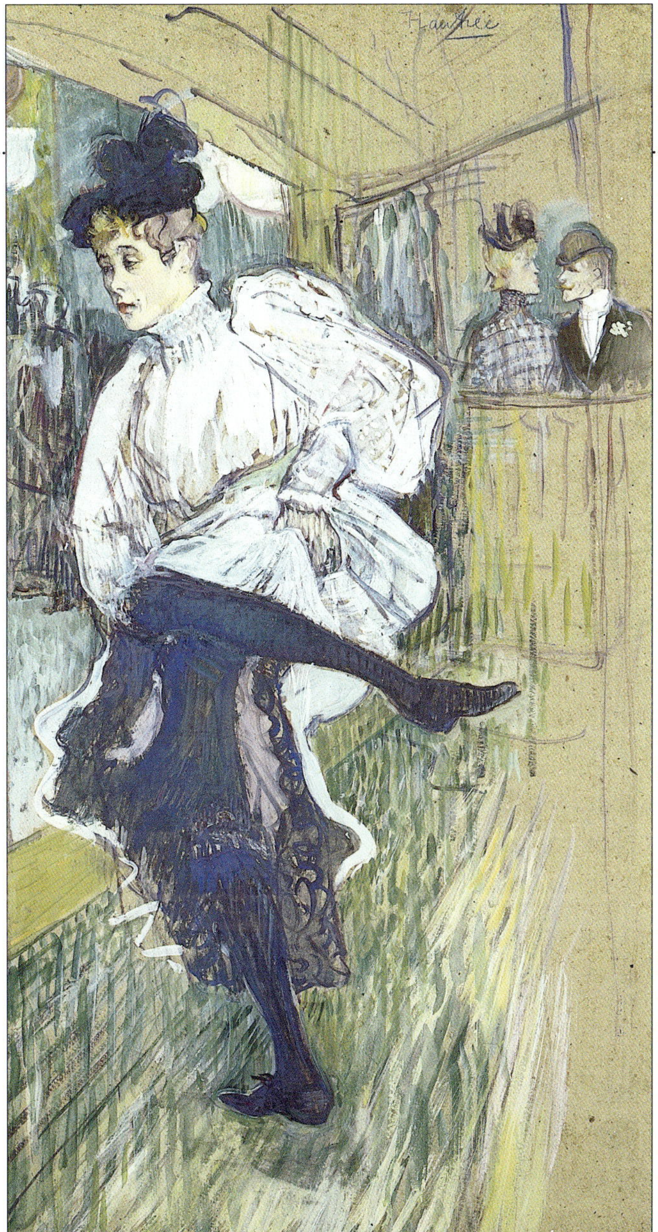

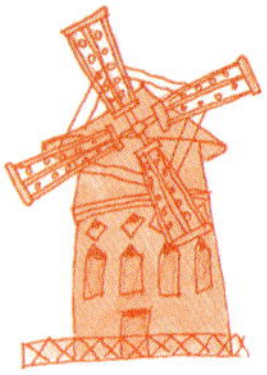

Yvette Guilbert

Au milieu du public, Toulouse-Lautrec applaudit Yvette Guilbert, la célèbre chanteuse aux gants noirs. Elle déteste ce portrait où elle ressemble à un oiseau au long cou et refuse à Toulouse-Lautrec ce projet d'affiche.

Reconnais-tu Yvette Guilbert parmi ces amies de Toulouse-Lautrec ?

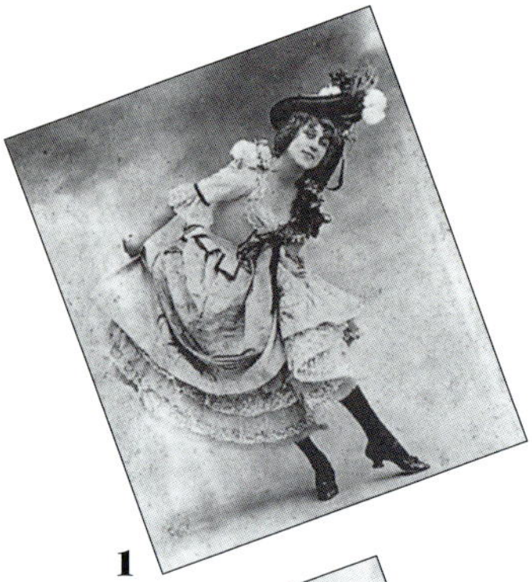

1

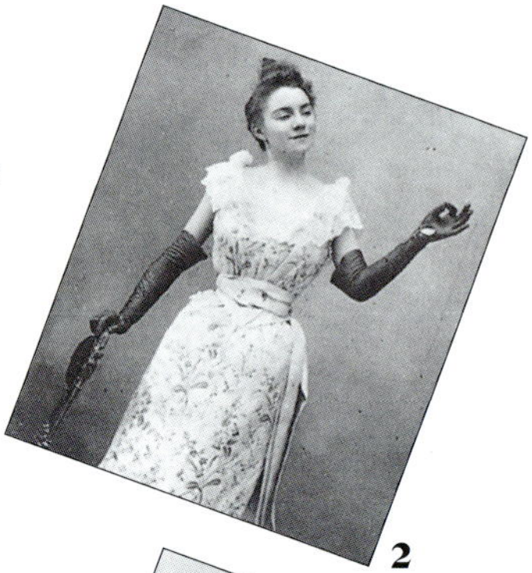

2

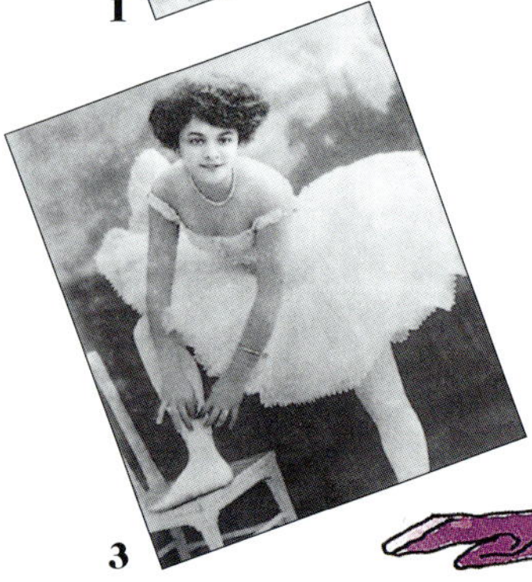

3

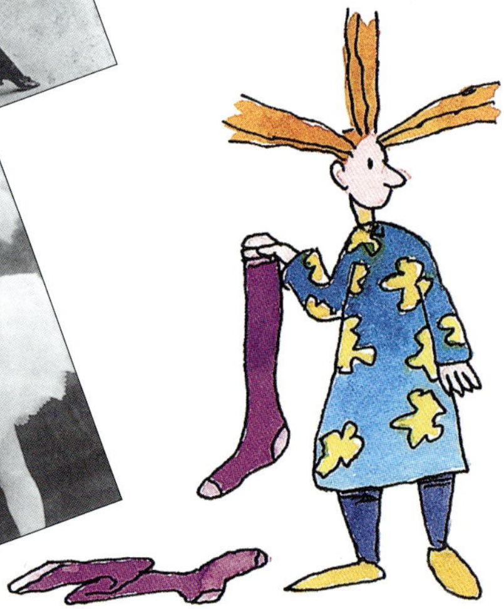

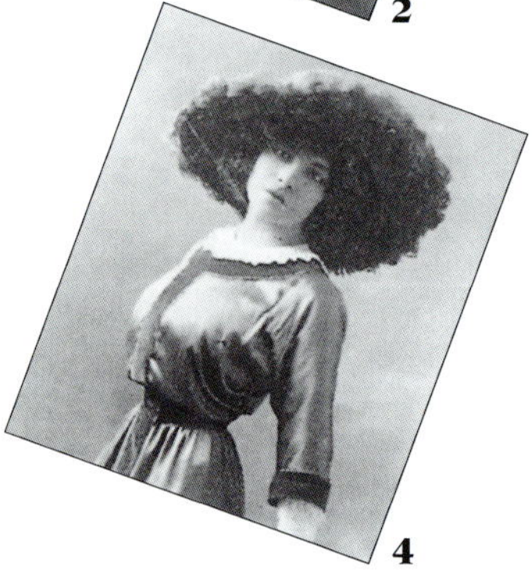

4

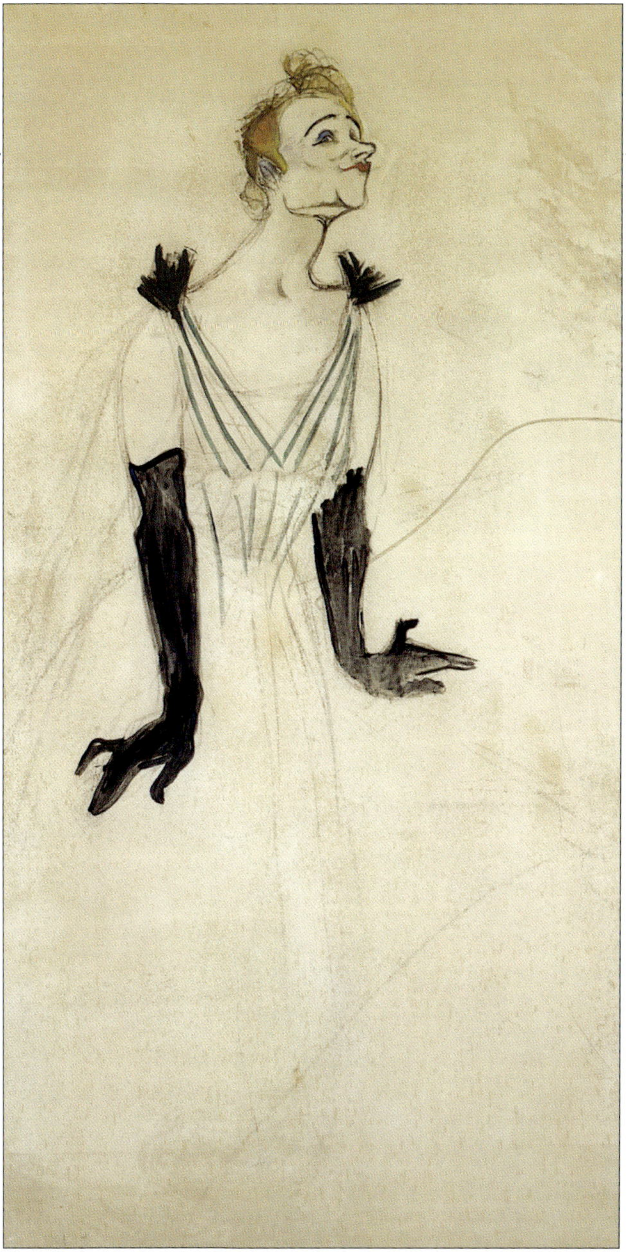

Cha-U-Kao

Cette belle clownesse s'habille avant de faire son numéro au bal du Moulin Rouge. Toulouse-Lautrec allait aussi l'admirer et rire de ses blagues au cirque Fernando.

Parmi ces palettes, quelle est celle que Toulouse-Lautrec a utilisé pour peindre ce tableau ?

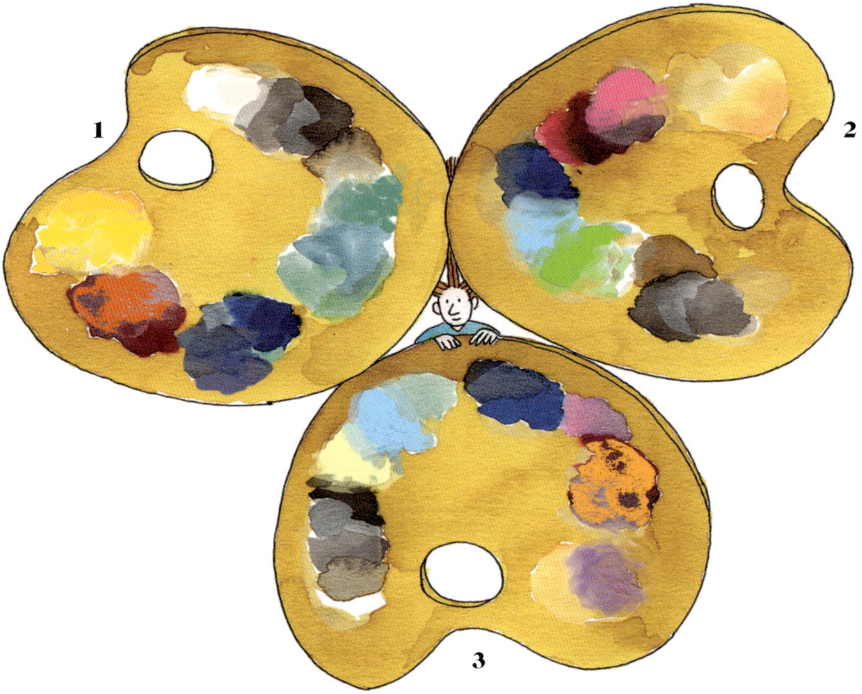

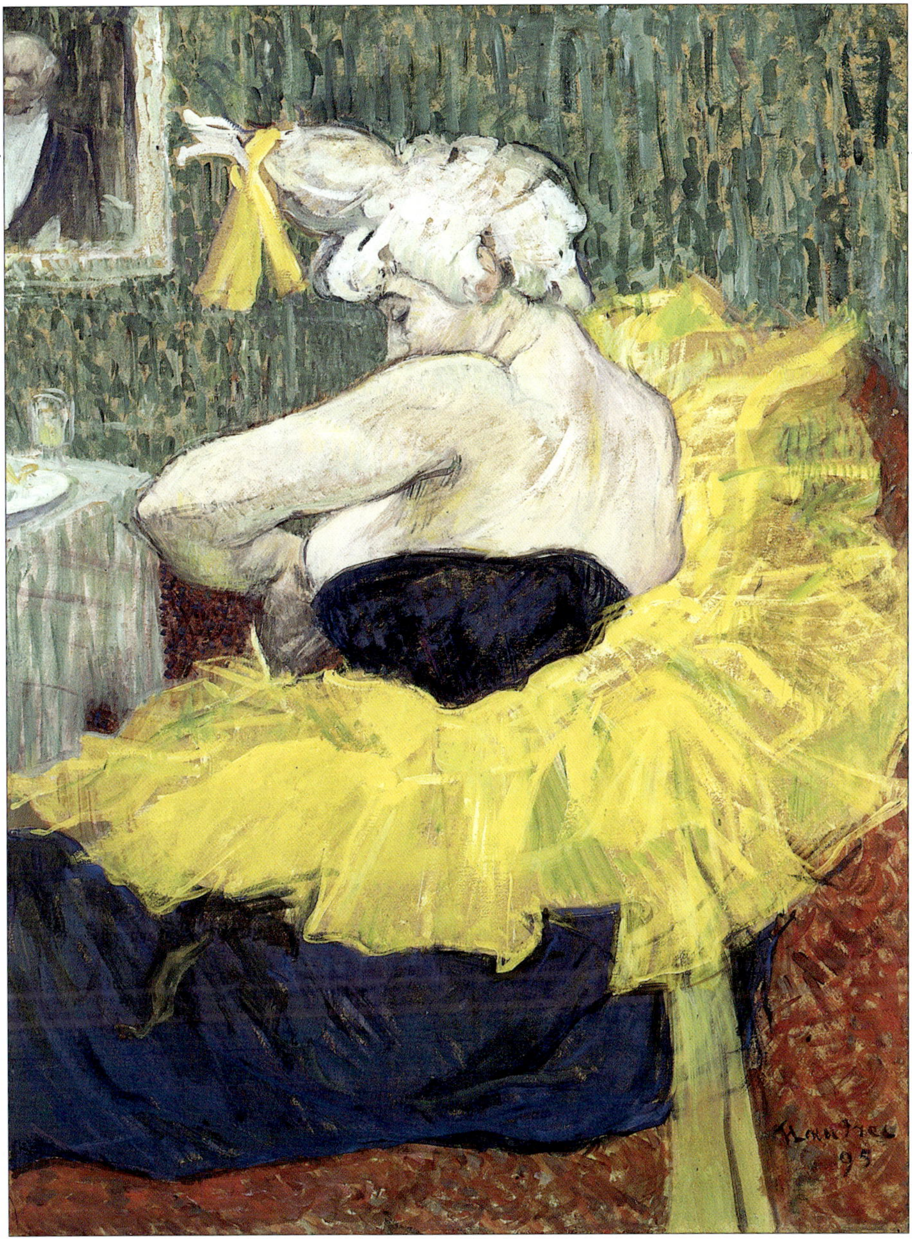
95

Au cirque Fernando

Toulouse-Lautrec se passionne pour le cirque dont il aime peindre les artistes. Sous la direction de Monsieur Loyal et de son fouet, l'écuyère perchée sur son cheval qui galope autour de la piste, prépare un numéro de voltige.

Presque tous les personnages sont coupés.
Aide Toulouse-Lautrec à terminer son tableau et dessine les bras, les jambes et les têtes qui manquent.

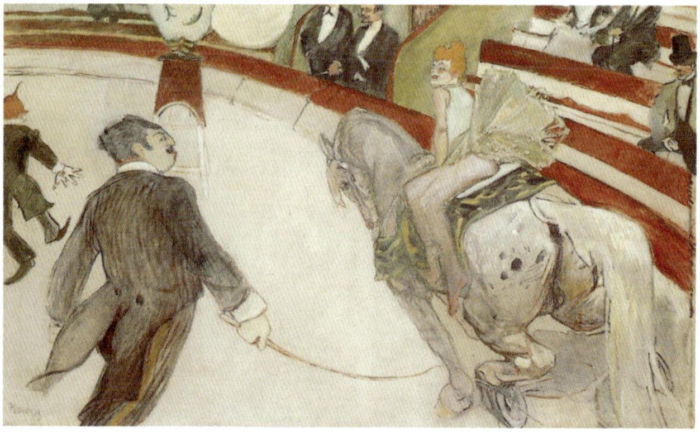

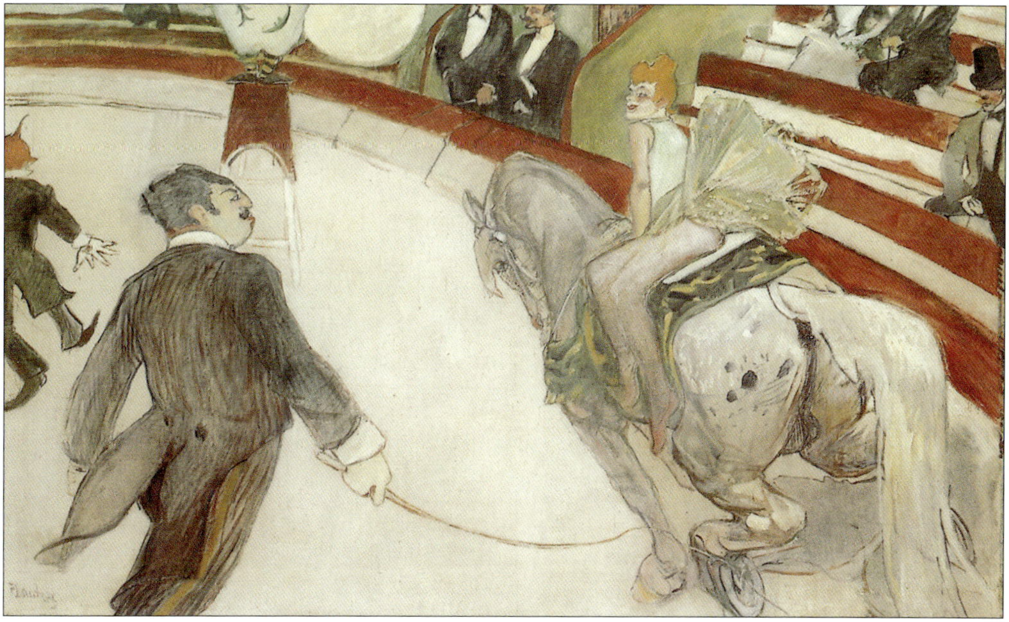

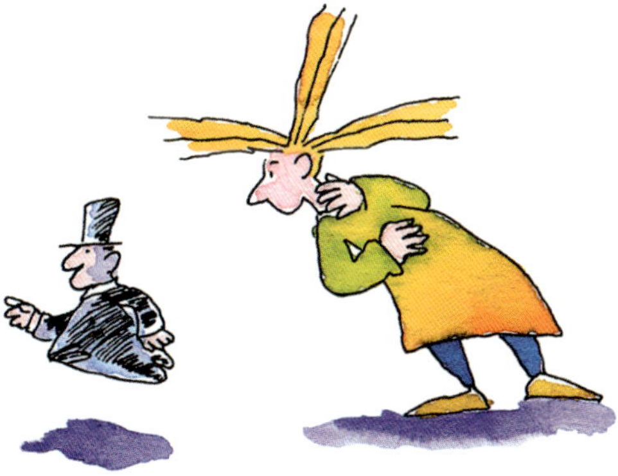

Aristide Bruant

Pour son grand ami Aristide Bruant, le célèbre chanteur de cabaret, Toulouse-Lautrec imagine cette affiche publicitaire. À coup de grands aplats de couleur, il fait son portrait coiffé d'un vaste chapeau noir et emmitouflé dans une écharpe flamboyante.

Aristide a perdu son écharpe, retrouve-la parmi celles-ci.

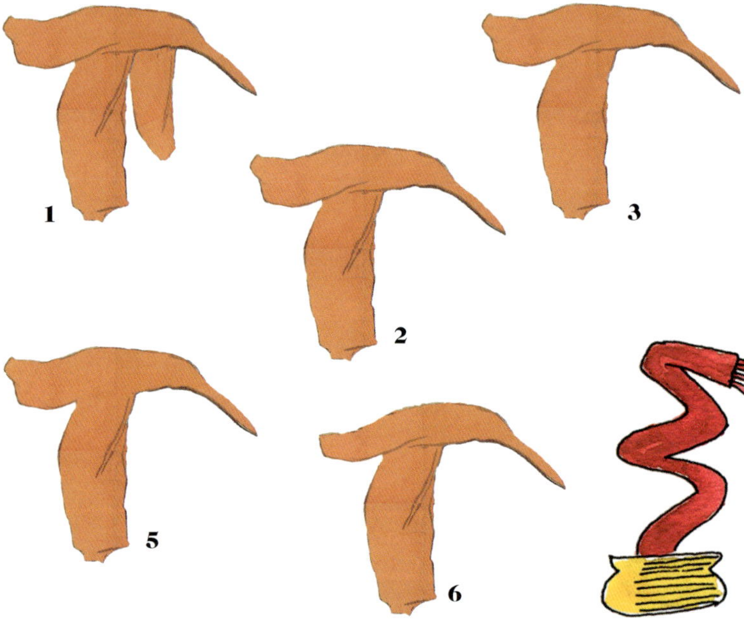

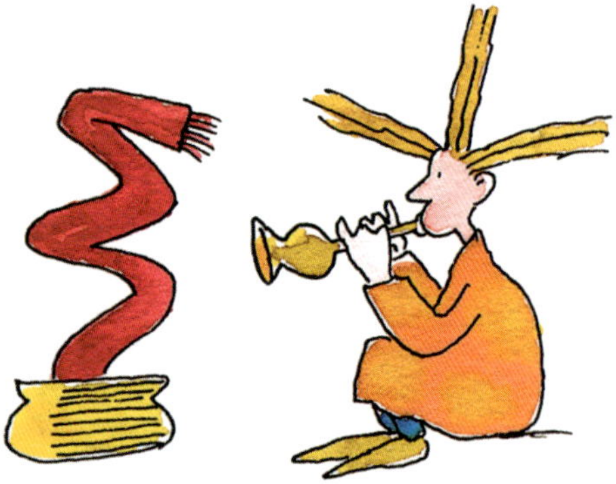

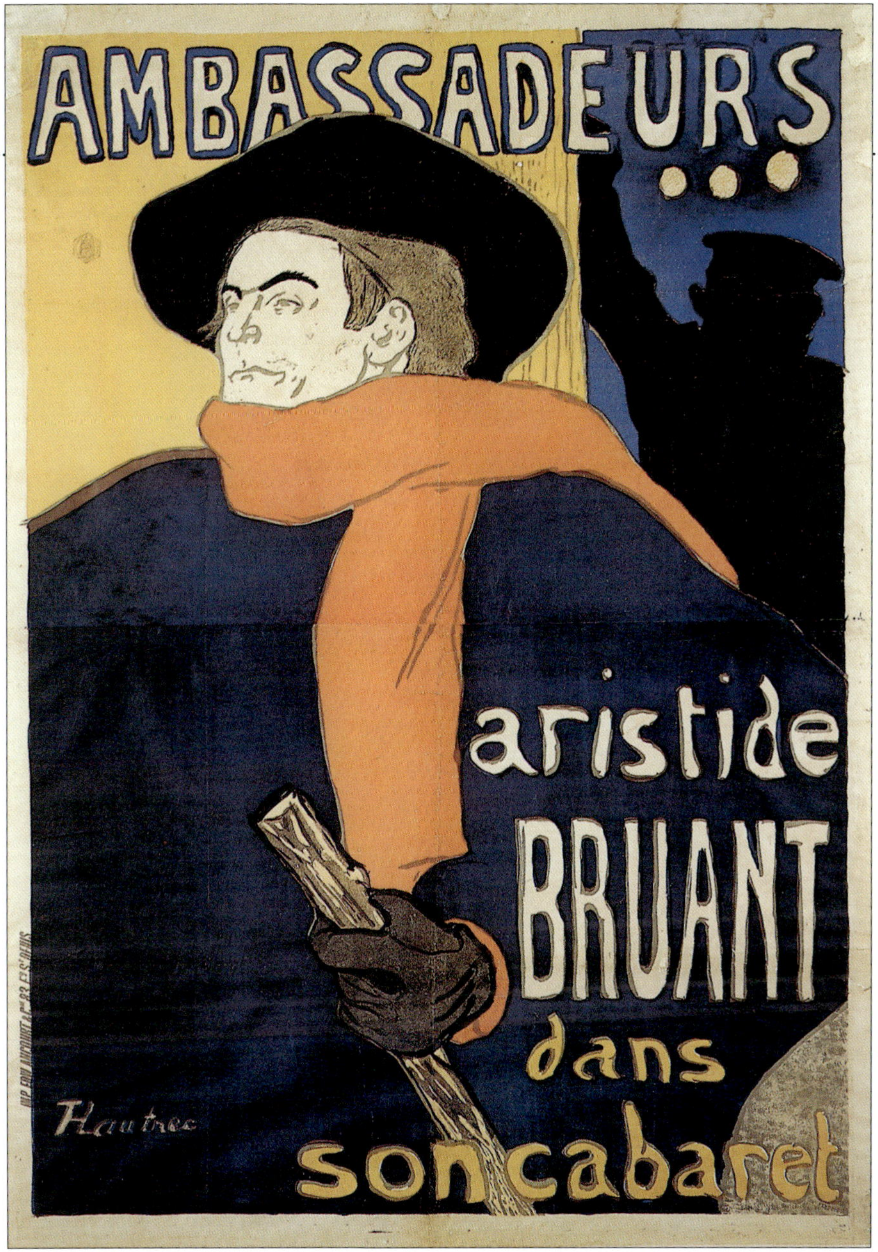
AMBASSADEURS
aristide
BRUANT
dans
son cabaret
H Lautrec

Loïe Fuller

Cette danseuse est une véritable star ! Elle fait tourbillonner sa longue robe comme les ailes d'un papillon.

Retrouve parmi ces silhouettes, celle de la Loïe Fuller peinte par Toulouse-Lautrec.

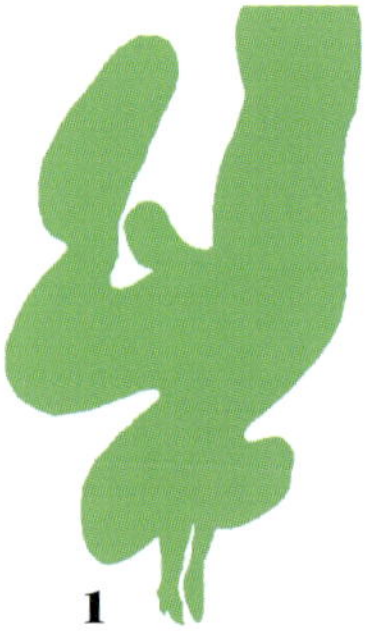

1

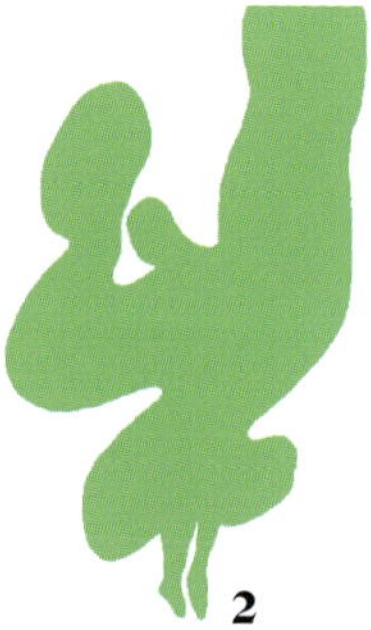

2

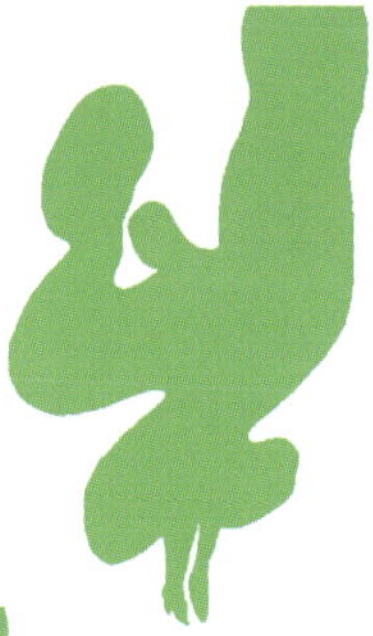

3

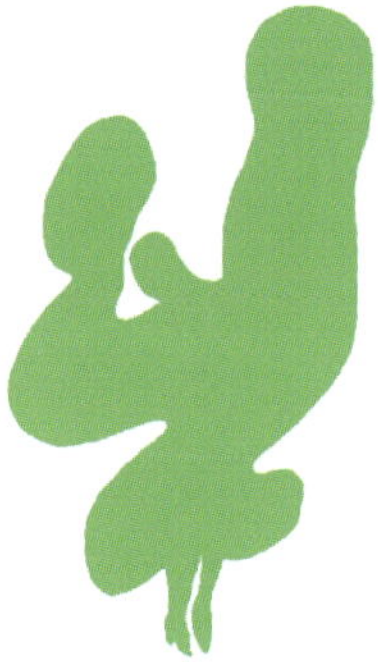

4

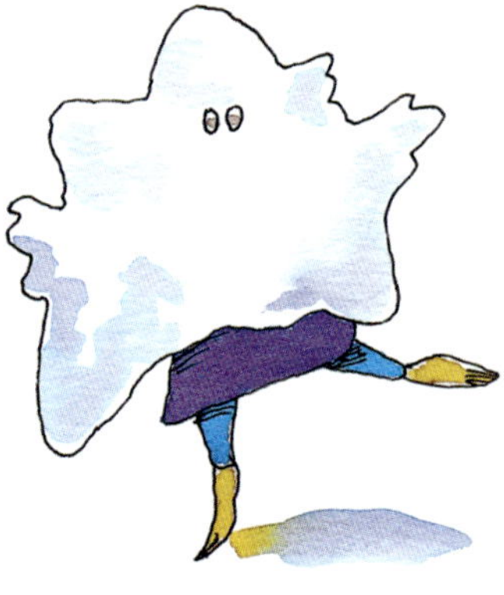

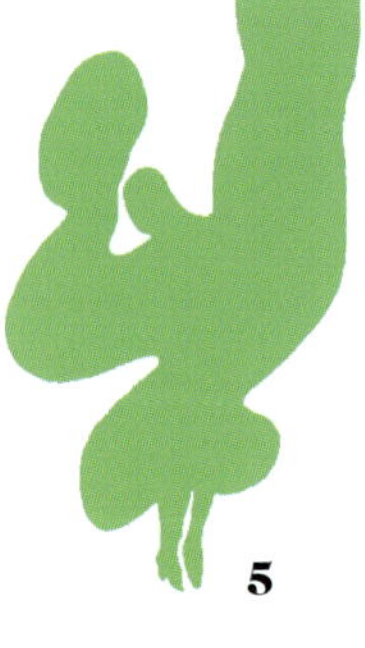

5

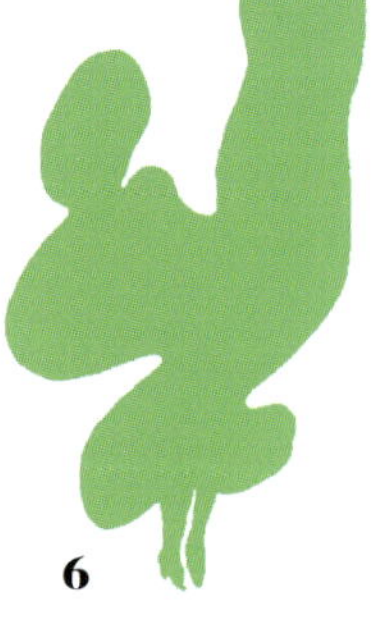

6

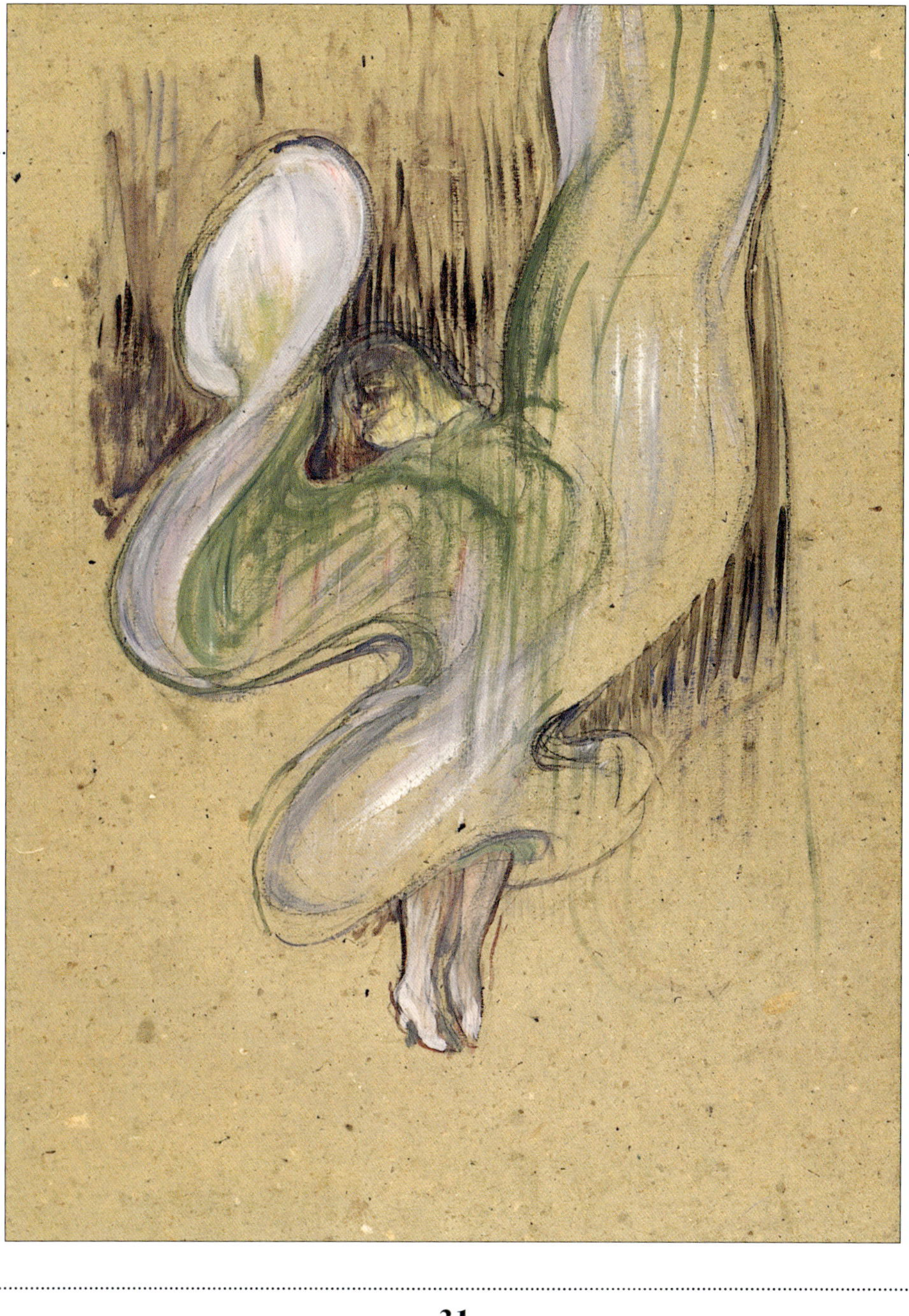

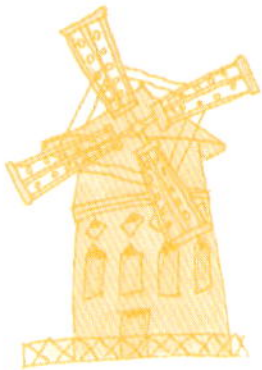

Le cousin Gabriel

C'est dans un couloir de théâtre que Toulouse-Lautrec fait le portrait de son cher cousin Gabriel, le médecin. À gauche du tableau, la loge est vide tandis que dans le fond les spectateurs discutent.

Essaie de remettre dans le bon ordre les fragments du tableau.

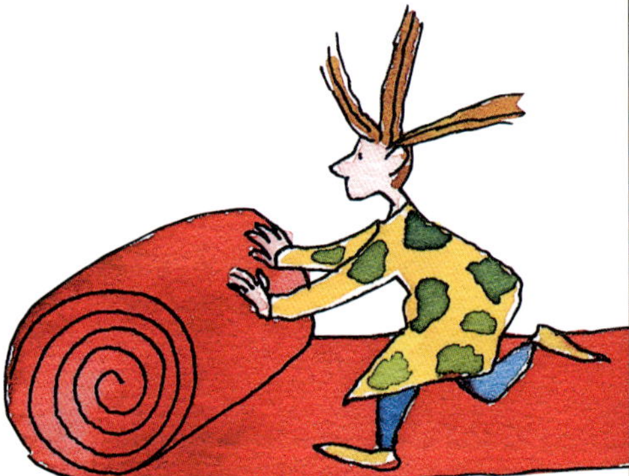

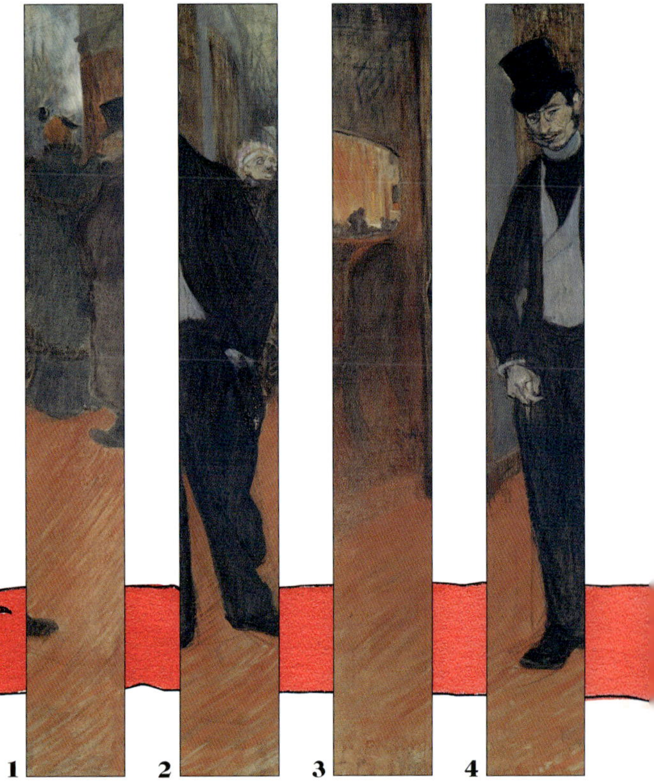

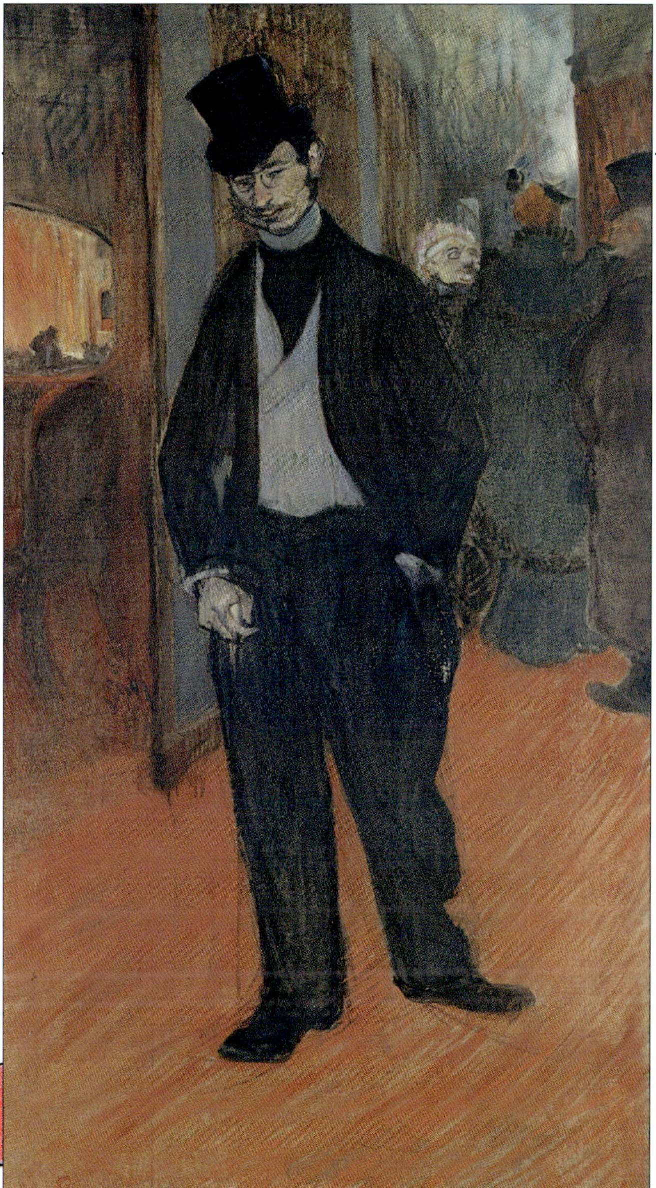

Méli-mélo

Henri de Toulouse-Lautrec s'amuse beaucoup au théâtre où il va souvent. Il illustre les programmes des pièces avec des gravures comme celle-ci.

Comme cette femme avec ses jumelles, recherche à quels tableaux du livre appartiennent ces détails agrandis.

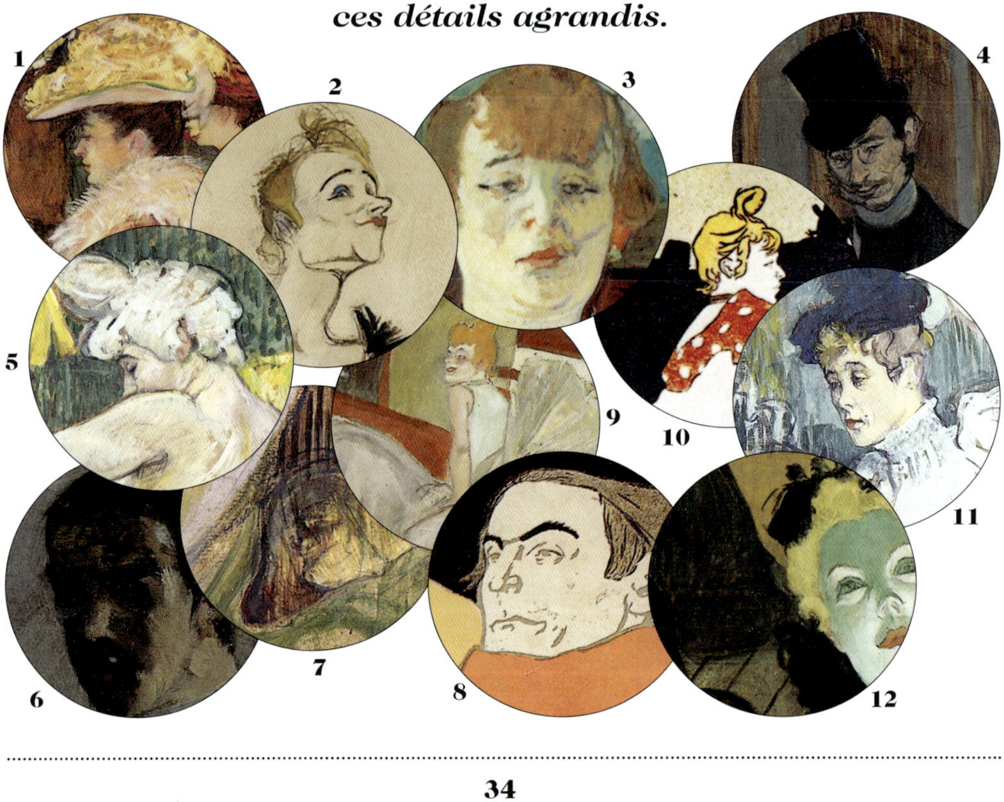

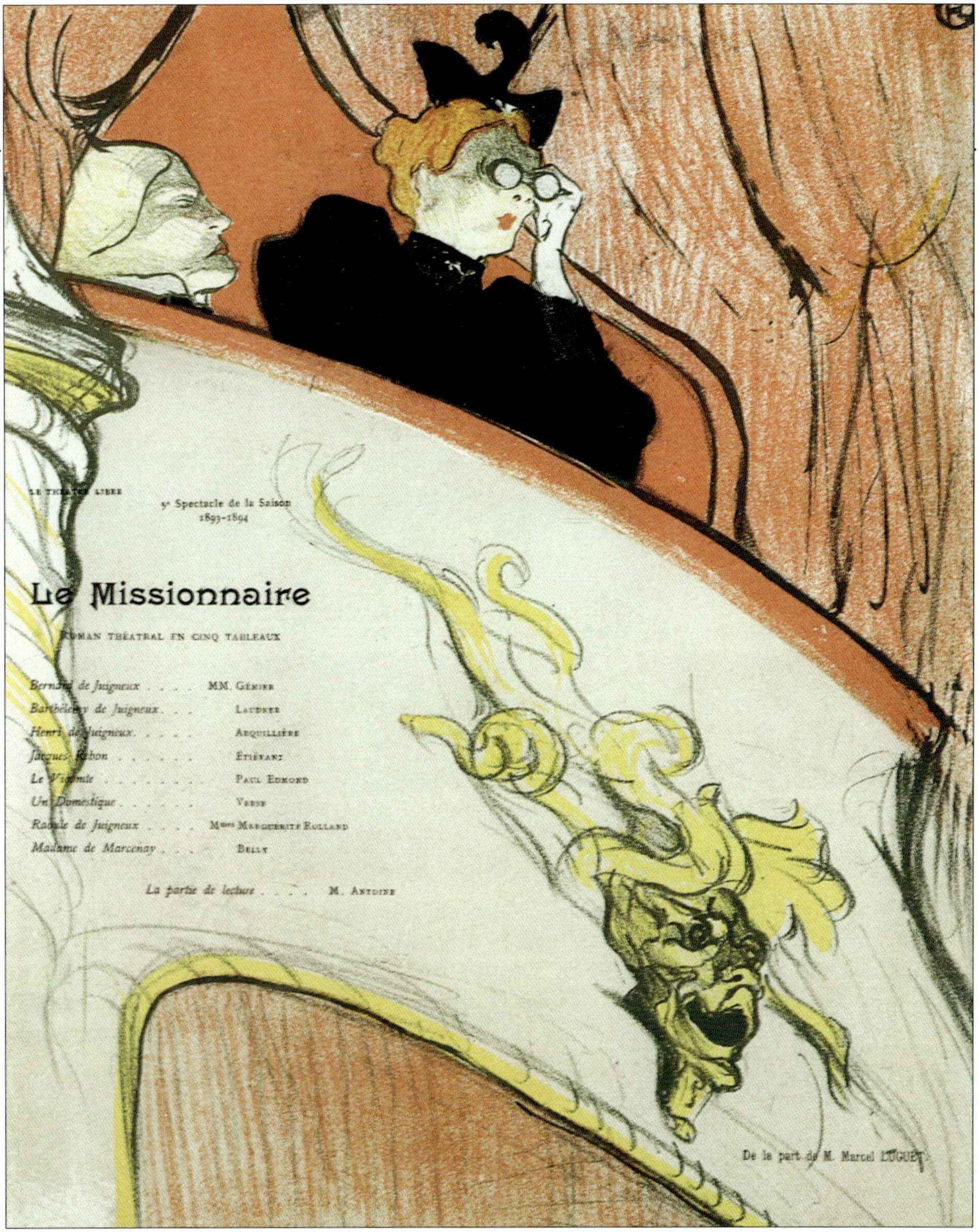
LE THÉÂTRE LIBRE
5e Spectacle de la Saison
1893-1894
Le Missionnaire
ROMAN THÉATRAL EN CINQ TABLEAUX
Bernard de Juigneux . . . . MM. Gémier
Barthélemy de Juigneux . . . Laudner
Henri de Juigneux . . . . . Arquillière
Jacques Ribon . . . . Étiévant
Le Vi…mte . . . . Paul Edmond
Un Domestique . . . . Verse
Ra…le de Juigneux . . . . Mmes Marguerite Rolland
Madame de Marcenay . . . Belly
La partie de lecture . . . . M. Antoine
De la part de M. Marcel LUGUET

Solutions

p. 4-5 **:**
1 : e - 2 : d - 3 : a - 4 : b
5 : c.

p. 8-9 **:**
La photo n°3.

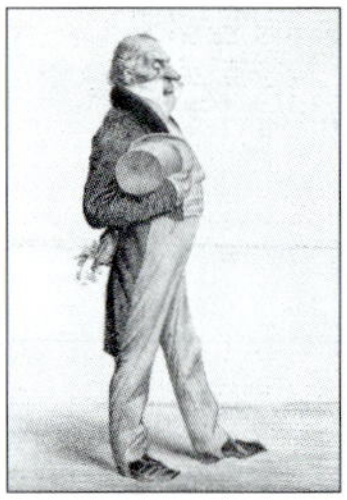

p. 10-11 **:**

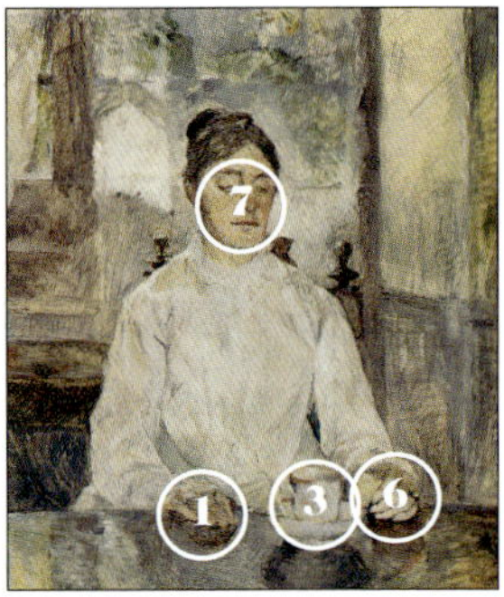

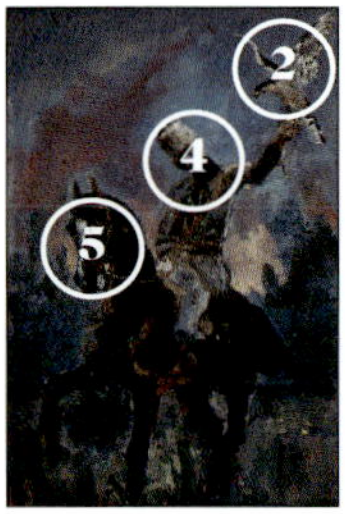

p. 12-13 **:**
Toulouse-Lautrec est le personnage qui porte le chapeau «c».

1 : d - 2 : c - 3 : e - 4 : b
5 : a.

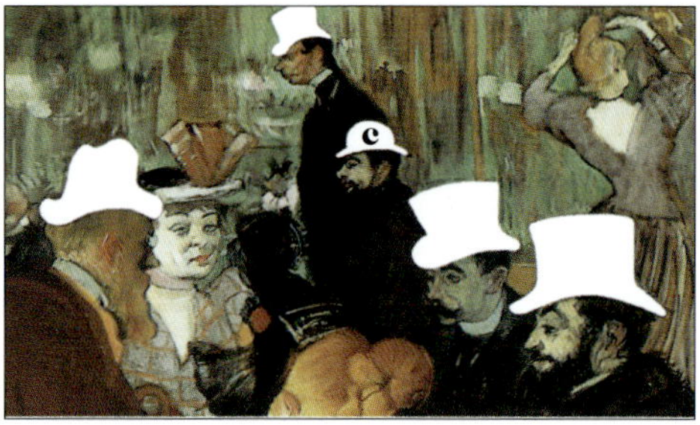

p. 14-15 **:**

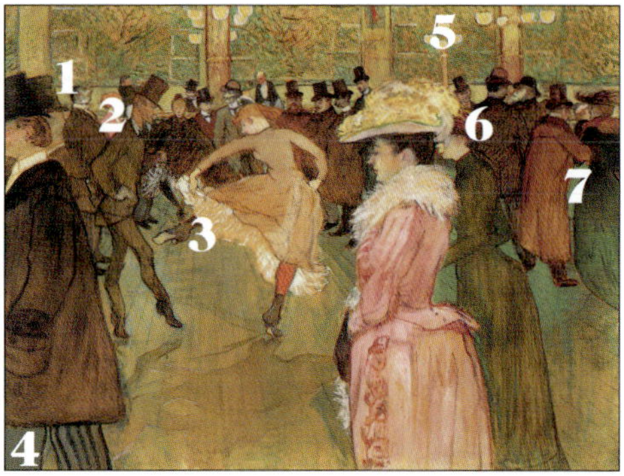

p.16-17 **:**
Le morceau n°4.

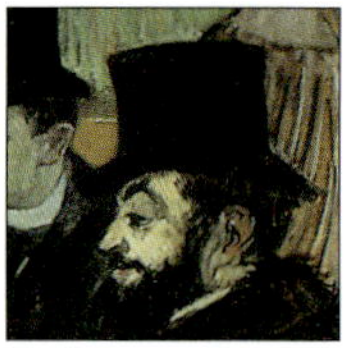

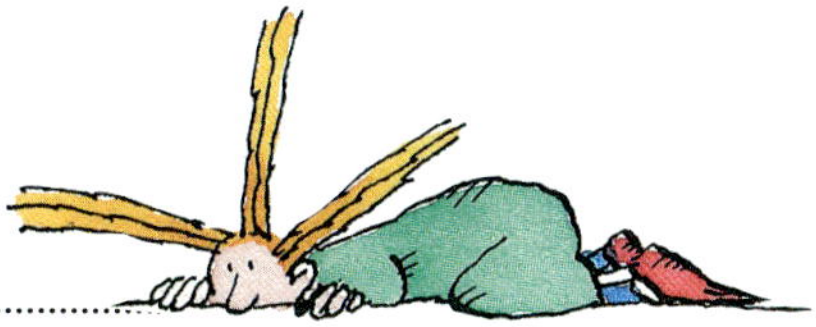

p. 18-19 :
La silhouette n°2.

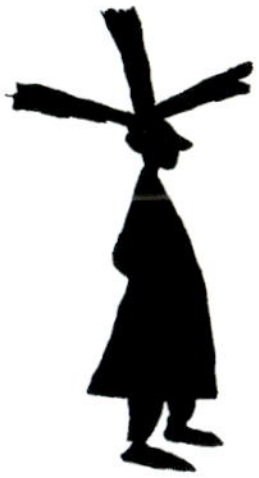

p. 20-21 :
Le moment n°3.

p. 22-23 :
La photo
n°2.

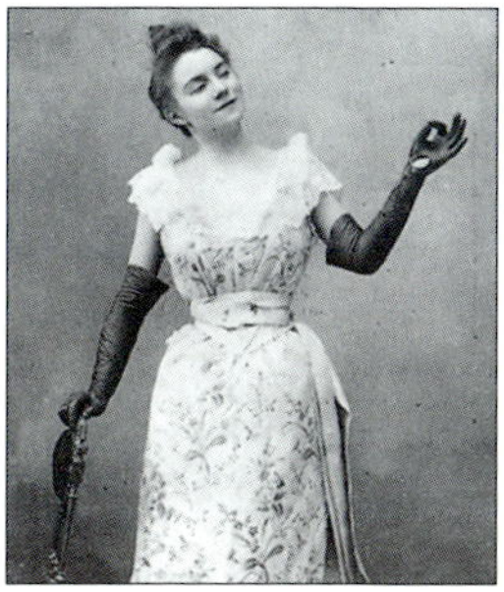

p. 24-25 :
La palette n°1.

p. 26-27 :
À toi de dessiner.

p. 28-29 :
L'écharpe n°2.

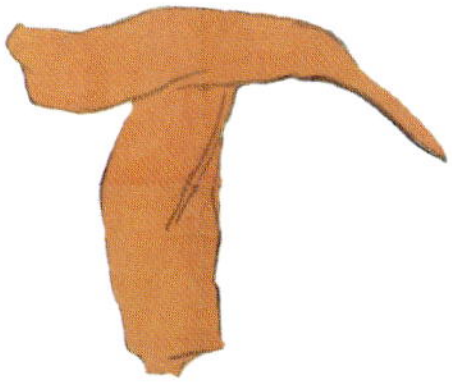

p. 30-31 :
La silhouette n°3.

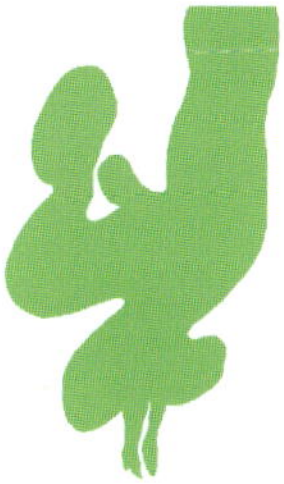

p. 32-33 :
Le bon ordre du tableau
est n°3-4-2-1.

p. 34-35 :
détail n°1 : *page* 15.
détail n°2 : *page* 23.
détail n°3 : *page* 17.
détail n°4 : *page* 33.
détail n°5 : *page* 25.
détail n°6 : *page* 9.
détail n°7 : *page* 31.
détail n°8 : *page* 29.
détail n°9 : *page* 27.
détail n°10 : *page* 19.
détail n°11 : *page* 21.
détail n°12 : *page* 13.

Crédits photographiques

Albi

Musée Toulouse-Lautrec, tous droits réservés

Toulouse-Lautrec dans le costume de Jane Avril, p. 8

Toulouse-Lautrec en samouraï, p. 8

Toulouse-Lautrec en Auguste, p. 8

Henri de Toulouse-Lautrec, charge, p. 8

Henri de Toulouse-Lautrec par lui-même, p. 8

Henri de Toulouse-Lautrec, autoportrait 1896, p. 9

Alphonse de Toulouse-Lautrec en fauconnier, p. 10

La comtesse A. de Toulouse-Lautrec, p. 11

Yvette Guilbert, projet d'affiche, p. 23

La Loïe Fuller, p. 31

Gabriel Tapié de Céleyran, p. 33

La loge au mascaron doré, p. 35

Chicago

The Art Institute

Au cirque Fernando, p. 27

Helen Birch Bartlett Memorial Collection

Au Moulin Rouge, p. 13

New York

© The Museum of Modern Art :

La Goulue au Moulin Rouge, p. 17

Paris

Bibliothèque nationale de France

Affiche : *La Goulue au Moulin Rouge,* p. 19

Yvette Guilbert, photographie, p. 22 (n° 2)

Mademoiselle Marcelle Lender, photographie, p. 22 (n° 3)

Mademoiselle Polaire, photographie, p. 22 (n° 4)

Affiche, *Aristide Bruant,* p. 29

Réunion des musées nationaux

Honoré Daumier, *Sébastiani Horace,* p. 8

Jane Avril dansant, p. 21

La Clownesse Cha-U-Kao, p. 25

Musée du Vieux Montmartre

Jane Avril dansant, photographie, p. 22 (n° 1)

Philadelphie

© The Philadelphia Museum of Art

La danse au Moulin Rouge, p. 15

Directrice des éditions
Sophie Laporte

Cheffe du département du livre
Muriel Rausch

Conception graphique
et maquette
Joëlle Leblond

Fabrication
Isabelle Loric

Photogravure
Bussière à Paris

Cet ouvrage a été achevé d'imprimer
en juillet 2019 sur les presses
de l'imprimerie Chirat, à Saint-Just-la-Pendue

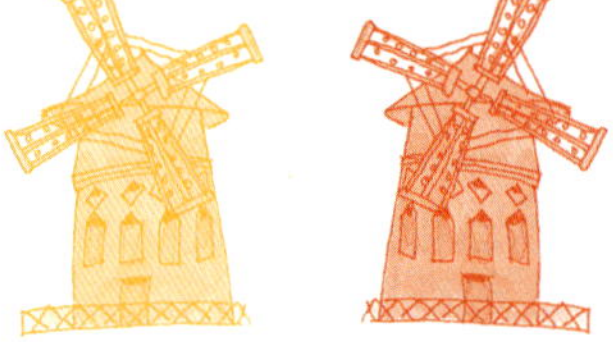

Dépôt légal : août 2019
ISBN 978-2-7118-4636-8
JA 10 4636